Alle Präpositionen von A bis Z

mit Beispielen und Übersetzungen
(Arabisch, Chinesisch, Englisch, Russisch, Spanisch, Türkisch)

Deutsch als Fremdsprache

Péter Gaál
Gaalingua.com

Bonn, Juli 2018

Impressum

Bibliografische Information der Deutschen Nationalbibliothek:
Die Deutsche Nationalbibliothek verzeichnet diese Publikation in
der Deutschen Nationalbibliografie; detaillierte bibliografische
Daten sind im Internet über http://dnb.dnb.de/ abrufbar.

2., überarbeitete und erweiterte Auflage Juli 2018
© Péter Gaál, Bonn

Sämtliche Rechte, insbesondere das Recht der analogen wie
digitalen Vervielfältigung und Verbreitung sowie der Übersetzung,
vorbehalten. Das Werk darf weder ganz noch in Teilen in
irgendeiner Form (wie zum Beispiel, jedoch nicht ausschließlich,
durch Fotokopie, Mikrofilm oder Scannen) ohne ausdrückliche
schriftliche Genehmigung des Autors reproduziert oder unter
Verwendung elektronischer Systeme gespeichert, verarbeitet,
geändert, vervielfältigt oder verbreitet werden.

Übersetzungen: Péter Gaál, Bonn
Titelabbildungen: Péter Gaál, Bonn
Titelgestaltung/-konzept: Péter Gaál, Bonn
E-Book-Konvertierung: Péter Gaál, Bonn

Herstellung und Verlag: BoD – Books on Demand, Norderstedt

ISBN: 9783734758836

Widmung und Danksagung

Meinen liebsten und besten **Eltern** der Welt
L. S. Gaál und A. M. Gaál

Meiner unvergleichlichen und lieben **Oma** (✝)

Meiner **Familie** in Ungarn, Deutschland, Ägypten und der ganzen Welt

Allen meinen jetzigen und ehemaligen **Schülern**

Meinen **Freunden** und **Mitstreitern** auf der ganzen Welt

Vorwort

Dieses Buch richtet sich an alle Ausländer, die **Deutsch als Fremdsprache** erlernen und ihr Grammatikverständnis erweitern sowie ihre Kenntnisse der deutschen **Präpositionen** auffrischen, wiederholen oder erst aufbauen wollen. Dargestellt, erläutert und übersetzt werden alle Präpositionen der Deutschen Sprache **von A bis Z**.

Angegeben sind jeweils das Niveau gemäß des **GER** (Gemeinsamen Europäischen Referenzrahmens), der zu verwendende Fall (Nominativ, Genitiv, Dativ oder Akkusativ), ein oder mehrere **Beispielsätze**, Synonyme (Präpositionen, und Konjunktionen) sowie, als besonderer Service, **Übersetzungen** der einzelnen Präpositionen ins Arabische, Chinesische, Englische, Russische, Spanische und Türkische.

Aufgrund der vielen Übersetzungen, darunter auch ins Arabische, ist das Buch auch in **Flüchtlingskursen** sehr geeignet.

Die Übersetzungen erlauben dem Sprachlehrer außerdem die leichte Anfertigung von (Präpositions-)**Vokabeltests**.

Da als **Synonyme** für die Präpositionen auch Konjunktionen angegeben werden, ist die Präpositionsliste ferner für Nominalisierungs- und Verbalisierungsübungen (z. B. im Rahmen von **DSH-Kursen**) sehr nützlich.

Die Markierung der einzelnen Präpositionen mit dem jeweiligen GER-Level (A1, A2, B1, B2, C1, C2) macht es dem Deutschlerner leicht, sich auf die Präpositionen des **Schwierigkeitsgrades** zu fokussieren, welche für ihn relevant sind.

Viel Spaß und viel **Erfolg** beim Deutschlernen, -auffrischen oder -vertiefen!

Inhaltsverzeichnis

Vorwort..4
   I. Präpositionen A..10
     à + A | C1...10
     ab + D | A1...10
     abseits + G | B2..10
     abzüglich + G | B2...11
     an + D, + A (Wechselpräposition) | A1..............11
     analog + D (auch: analog zu + D) | C2................12
     anfangs* + G | B2...12
     angelegentlich + G | C1.....................................13
     angesichts + G | B2...13
     anhand + G | B2..13
     anlässlich + G | B2..14
     anstatt + G | B2...14
     anstelle + G | B2..14
     auf + D, + A (Wechselpräposition) | A1.............15
     aufgrund + G | B2..15
     aufseiten + G | B2...16
     aus + D | A1...16
     ausschließlich + G | B2......................................17
     außer + D, + A, + G | B1...................................17
     außerhalb + G | B2...18
     ausweislich + G | B2..18
   II. Präpositionen B..19
     bar + G | C1..19
     behufs + G | C2..19
     bei + D | A1..20
     beiderseits + G | B2...20
     beidseits + G | B2..20
     betreffs + G | B2...21
     bezüglich + G | A2...21
     binnen + G (auch + D) | B2...............................22
     bis + A | A1..22
   III. Präpositionen C..23
     contra + A (auch: kontra) | B2..........................23
   IV. Präpositionen D..24
     dank + G (auch + D) | B1..................................24
     diesseits + G | B2...24

    durch + A | A1......25
V. Präpositionen E......26
    eingangs + G | C1......26
    eingedenk + G | C1......26
    einschließlich + G | B1......27
    entgegen + D | B2......27
    entlang +G/+A | B1......28
    entsprechend + D | B2......28
    exklusive + G | B1......29
VI. Präpositionen F......30
    fernab + G | C1......30
    fern + G | B2......30
    für + A | A1......31
VII. Präpositionen G......32
    gegen + A | A1......32
    gegenüber + D | A1......32
    gelegentlich + G | C1......33
    gemäß + D | B2......33
    gen + A | C2......34
    getreu + D | C1......34
    gleich + D | C1......35
VIII. Präpositionen H......36
    halber + G | C1......36
    hinsichtlich + G | C1......36
    hinter + D, + A (Wechselpräposition) | A1......37
IX. Präpositionen I......38
    im Namen + G | C1......38
    in + D, + A (Wechselpräposition) | A1......38
    in puncto + D | B2......39
    infolge + G | B2......39
    inklusive + G | A1......40
    inmitten + G | B2......40
    innerhalb + G | B1......41
    innert + G | B2......41
X. Präpositionen J......42
    je + A | A2......42
    jenseits + G | B2......42
XI. Präpositionen K......43
    kraft + G | C1......43
XII. Präpositionen L......44
    lang + A | B2......44

    längs + G | B2..44
    längsseits + G | C1..44
    laut + G | B1..45
    links + G | A2..45
XIII. Präpositionen M..46
    mangels + G | B2...46
    minus + A (auch + G, + D) | A1......................................46
    mit + D | A1...47
    mithilfe + G | B1..47
    mitsamt + D | B1...48
    mittels + G | B2...48
XIV. Präpositionen N...49
    nach + D | A1..49
    nächst + D | C1...49
    nahe + D | A2..50
    namens + G | C1...50
    neben + D, + A (Wechselpräposition) | A1........................51
    nebst + D | B2..51
    nördlich + G | B2...52
    nordöstlich + G | B2..52
    nordwestlich + G | B2...52
XV. Präpositionen O...53
    ob + G | C2..53
    oberhalb + G | B2..53
    ohne + A | A1..54
    östlich + G | B2...54
XVI. Präpositionen P..55
    per + A | B1...55
    plus + A (auch + G, + D) | A1..55
    pro + A | A1...56
    punkto + G | B2...56
XVII. Präpositionen R..57
    rechts + G | A2..57
XVIII. Präpositionen S...58
    samt + D | A2..58
    seit + D | A1..58
    seitab + G | C2..59
    seitens + G | B2...59
    seitlich + G | B2...60
    seitwärts + G | C1..60
    sonder + A | C2...61

statt + G | A2 61
südöstlich + G | B2 62
südwestlich + G | B2 62
XIX. Präpositionen T 63
trotz + G | B1 63
XX. Präpositionen U 64
über + D, + A (Wechselpräposition) | A1 64
um + A | A1 65
um ... willen + G | C1 66
unbeschadet + G | C2 66
unerachtet + G | C2 67
unfern + G | C1 67
ungeachtet + G | C1 68
ungerechnet + G | C2 68
unter + D, + A (Wechselpräposition) | A1 69
unterhalb + G | B2 70
unweit + G | B2 70
XXI. Präpositionen V 71
vermittels(t) + G | C2 71
vermöge + G | C2 71
versus + A | C1 72
via + A | B1 72
vis-à-vis + D | B1 72
voll + G | B1 73
voller + G/N/D/A | B1 73
von + D | A1 74
vonseiten + G | C1 74
vor + D, + A (Wechselpräposition) | A1 75
vorbehaltlich + G | C1 76
XXII. Präpositionen W 77
während + G | A2 77
wegen + G | A1 77
weitab + G | B2 78
westlich + G | B2 78
wider + A | B2 79
willen + G | B2 → siehe um ... willen 79
XXIII. Präpositionen Z 80
zeit + G | C1 80
zu + D | A1 81
zufolge + D | B1 82
zugunsten + G | B2 82

    zuhanden + G (auch: zuhanden von + D) | C1....................83
    zu Händen + G (auch: zu Händen von + D) | C1.................83
    zulasten + G | B2..84
    zuliebe + D | B2..84
    zuungunsten + G | B2...85
    zuwider + G | B2...85
    zuzüglich + G | B2..85
    zwecks + G | B2...86
    zwischen + D, + A (Wechselpräposition) | A1.....................86
XXIV. Verben mit festen Präpositionen...................................87
XXV. Adjektive mit festen Präpositionen.............................104
XXVI. Nomina mit festen Präpositionen................................110

I. Präpositionen A

à + *A* | C1

Synonyme: je, pro, das Stück zu, zu jeweils

Er kaufte acht Packungen *à* zwei Euro.

engl. at, at ... each
russ. по
span. a ... (cada uno), por pieza
arab. لكل قطعة
türk. beher
chin. 每件

ab + *D* | A1

Synonyme: von ... an

Ab heute müssen wir mehr lernen.
Der Zug fährt *ab* Bonn.
Jugendliche *ab* 16 Jahren
ab August

*Bei Nomina mit Adjektiven, aber ohne Artikel, manchmal auch im Akkusativ:
ab nächste Woche
ab fünfte Klasse

engl. off; from
russ. с, начиная с; от, из
span. desde; a partir de
arab. من؛ اعتبارا من
türk. itibaren
chin. 从...起; 从某地起

abseits + *G* | B2

Synonyme: fern, weitab, entfernt, außerhalb

Das kleine Dorf liegt ziemlich *abseits* der Zivilisation.
Abseits der belebten Hauptstraße herrschte weitgehend Ruhe.
Sie bewegte sich *abseits* der gängigen Gesellschaftsnormen.

engl. at a distance from, off
russ. в отдалении
span. apartado de
arab. بعيدا عن
türk. -in ötesinde, -in dışında
chin. 在旁边, 在离开...的地方

abzüglich + *G* | B2

Synonyme: nach Abzug, ohne, exklusive, minus, nicht inbegriffen, ausgenommen

Der Gesamtpreis **abzüglich** der Versandkosten beträgt 10,00 Euro.
abzüglich Nebenkosten
abzüglich Mehrwertsteuer

engl. less, minus, deducted
russ. за вычетом
span. deduciendo, menos
arab. بدون, دون, ما عدا, مخصوما منه
türk. çıkarılmak üzere, çıkarılarak, -de … çilarılınca, hariç, -ın çıkarıldığında, -siz
chin. 扣除

an + *D*, + *A* (Wechselpräposition) | A1

Synonyme: gegen, zu, bei, nach, neben, auf

→ **Dativ** *(z. B. bei „wo?", „wann?")*
Am Montag fahre ich nach Köln. *(an + dem)*
Schöne Bilder hängen **an** der Wand.
Am 25. (März) treffen wir uns im Büro. *(an + dem)*
Wir treffen uns doch **an** Weihnachten, oder?
Wir liegen faul **am** Strand. *(an + dem)*
An Deutschland gefallen mir vor allem die schönen Landschaften und die Sprache.
Nimm dir doch ein Beispiel **an** mir!
Er lehnt lässig **an** der Wand.

→ **Akkusativ** *(z. B. bei „wohin?")*
Fährst du mit uns **ans** Meer? *(an + das)*
Der Lehrer schreibt einen Satz **an** die Tafel.
Ich denke gerne **an** meinen ersten Kuss.

engl. at, in, on; about; to
russ. у, около, в, на; по; к, на, в
span. a, en, contra, por
arab. على, في
türk. -de, -in yanında; -e, -in yanına
chin. 在…旁, 在…; 到…旁边, 到…上

analog + *D* (auch: analog zu + *D*) | C2

Synonyme: gemäß, entsprechend, nach, in Entsprechung zu, gleichermaßen, ähnlich

Die Nachfrage ist riesig und wächst **analog** dem gegenwärtigen starken Wirtschaftswachstum.
Bei dem neuen Gesetz sollten wir uns **analog** der britischen Rechtsprechung orientieren.
Moderne Computer können sich, **analog zum** menschlichen Gehirn, mit einer Vielzahl komplexer Aufgaben gleichzeitig beschäftigen.

engl. analogous to, analogously to, proportionally to, according to
russ. согласно
span. por analogía, según, conforme a, de conformidad con
arab. طبق, حسب, بموجب
türk. -e uyan, gibi, -e göre
chin. 类似, 按照

anfangs* + *G* | B2

Synonyme: am Anfang, zu Beginn, zu Anfang, Anfang des/der, eingangs

* *umgangssprachlich, regional, als nicht korrekt geltend*

Anfangs des Monats fuhren wir nach Wien.
anfangs der Woche
anfangs des Jahres

engl. (in) early …, at the beginning of
russ. в начале
span. al principio, a comiencos de, a principios de
arab. أوائل, في بداية
türk. baş(langıç)ta, -ın başlangıcında, başta
chin. 初, 起初, 当初

angelegentlich + *G* | C1

Synonyme: anlässlich, aus Anlass, gelegentlich, wegen, zu
gehoben

Angelegentlich des Wirtschaftskongresses werden am Wochenende Teile der Innenstadt für den Autoverkehr gesperrt.
angelegentlich des Präsidentenbesuches
angelegentlich seines Scheidens aus dem Militärdienst

engl. on the occasion of
russ. по поводу, в связи с, по случаю
span. con ocasión de, con motivo de
arab. بمناسبة, بسبب
türk. dolayısıyla, vesilesiyle, -e binaen
chin. 为了, 在...之际, 由于

angesichts + *G* | B2

Synonyme: in Anbetracht, im Angesicht(e), im Hinblick auf, mit Rücksicht auf

Angesichts der jüngsten Ereignisse muss die Veranstaltung abgesagt werden.
angesichts der wachsenden politischen Spannungen
angesichts des Todes

engl. in the face of, in view of, at the sight of, faced with
russ. перед лицом, ввиду
span. en vista de, delante de, por consideración a
arab. نظراً لـ, نظراً إلى, نظراً
türk. karşısında, göre, oranla, dolayısında
chin. 鉴于

anhand + *G* | B2

Synonyme: mithilfe, mit, unter Zuhilfenahme, mittels, durch, mit Unterstützung (von), vermittels

Die Lehrerin erklärt die neue Vokabel *anhand* eines Beispielsatzes.
die Beurteilung des Bewerbers *anhand* seiner Zeugnisse
anhand der Indizien
sich *anhand* eines Kompasses orientieren

engl. in the light of, by means of, on the basis of, with the aid of
russ. по, с помощью, на основании, руководствуясь
span. por medio de, mediante, con
arab. عن طريق, بواسطة, من خلال
türk. vasıtasıyla, sayesinde, yardımıyla
chin. 根据, 借助, 在...的协助下

anlässlich + *G* | B2

Synonyme: angelegentlich, aus Anlass, wegen, zu

Die Silvesterfeier ist ein **anlässlich** des Jahreswechsels begangenes Fest.
eine Party **anlässlich** ihres Geburtstages
ein feierlicher Empfang **anlässlich** des Präsidentenbesuches

engl. on the occasion of
russ. по поводу, в связи с, по случаю
span. con ocasión de, con motivo de
arab. بمناسبة
türk. dolayısıyla, vesilesiyle, -e binaen
chin. 为了, 在...之际, 由于

anstatt + *G* | B2

Synonyme: anstelle, statt, im Austausch, als Ersatz, für, (an)statt zu, anstatt dass

Anstatt eines Hemdes trug er ein legeres T-Shirt.
Anstatt eines Studiums entschied sie sich für eine Ausbildung.
Anstatt einer steilen Karriere und eines Lebens in Saus und Braus entschied er sich für ein gemütliches Familienleben mit viel Zeit für seine Kinder.

engl. instead of, in (the) place of, in lieu of
russ. взамен, вместо
span. en lugar de, en vez de
arab. بدلا, عوضا
türk. -in yerine
chin. 代替, 不...而

anstelle + *G* | B2

Synonyme: anstatt, als Ersatz, dafür, ersatzweise, für, im Austausch, statt, und nicht, stellvertretend, anstelle zu, anstelle dass

Anstelle des Direktors eröffnete heute der Vizedirektor die Konferenz.
Anstelle der starken und traditionsreichen D-Mark müssen die Deutschen heute mit dem Euro bezahlen.

engl. instead of, in (the) place of, in lieu of
russ. взамен, вместо
span. en lugar de, en vez de
arab. بدلا من, عوضًا عن
türk. -in yerine
chin. 代替, 不...而

auf + *D*, + *A (Wechselpräposition)* | A1

Synonyme: an, in; bis, für; an, gegen, zu; für, pro, je

→ **Dativ** *(z. B. bei „wo?")*
Auf dem Tisch liegt ein Buch.
Auf dem Foto sieht man eine schöne Frau.
Er hat seine Freundin **auf** einer Party kennengelernt.
Auf dem Marktplatz verkaufen viele Händler ihre Waren.
Ist er schon **auf** dem Flughafen?
auf Wunsch
auf deine Verantwortung

→ **Akkusativ** *(z. B. bei „wohin?")*
Er legt das Buch **auf** den Tisch.
Wir gehen **auf** den Markt.
Ich zähle **auf** dich!
Er pocht auf ***sein*** Recht.

engl. on, in, at, by; (down) on, on to, into, up, towards
russ. на
span. sobre, en, encima de; a, en, hacia; durante
arab. على, عند, فوق, في
türk. -in üstünde, -in üzerinde, -de/-da; -in üstüne, -in üzerine, -e/-a
chin. 在...上, 在

---

aufgrund + *G* | B2

Synonyme: wegen, aus, infolge, kraft, ob, von, vor, vor dem Hintergrund, weil, denn

Aufgrund seiner Faulheit wurde dem Mitarbeiter letzte Woche gekündigt.
Aufgrund der guten Qualität der Produkte macht die Firma viel Gewinn.
aufgrund des schlechten Wetters
aufgrund ihrer schlechten Leistungen im Studium

engl. on the basis of, on account of, owing to, because of, on the strength of
russ. из-за, на основе, на основании, исходя из
span. a causa de, por, en razón de, a raíz de
arab. بسبب, بناء على
türk. nedeniyle, dolayısıyla, -e binaen, çünkü
chin. 根据, 由于, 为了

aufseiten + *G* | B2

Synonyme: vonseiten, seitens, auf der Seite, von der Seite, bei, mit

Der Vorschlag traf auch **aufseiten** der Arbeitnehmer auf Zustimmung.
Er kämpfte **aufseiten** der Rebellen.
aufseiten der Regierung
aufseiten des Klägers

engl. on the part of, on the side of
russ. на стороне
span. de parte de, por (la) parte de
arab. من جانب, إلى جانب
türk. -in tarafından, birisinin yanında yer almak
chin. 在...方面, 一同

aus + *D* | A1

Synonyme: von, von ... her; wegen, aufgrund

Ich komme **aus** Deutschland.
Der Tisch ist **aus** Holz.
Sie tat es **aus** Liebe.
Aus Angst liefen sie davon.
aus dem Fenster gucken
aus dem Haus gehen
ein Herz **aus** Stein haben
aus Liebe (zu)
aus Angst (vor)
aus Furcht (vor)
aus (falscher) Bescheidenheit
aus (falschem) Stolz
aus Hunger
aus Überzeugung
aus Spaß
aus Versehen
ein Mord **aus** Leidenschaft
aus einer Laune heraus handeln/tun
aus einer Notlage heraus handeln
etwas **aus** Erfahrung wissen
aus Sicherheitsgründen nicht gestattet sein

engl. out of, made of, of, from, originating from
russ. из, из-за, с
span. de; por; a causa de, por, en razón de, a raíz de
arab. من
türk. -den/-dan, sebebiyle, yüzünden
chin. 从...出来, 来源于, 出身于, 由于

ausschließlich + *G* | B2

Synonyme: ausgenommen, exklusive, nicht einbegriffen, abgesehen von, außer, bis auf, extra, gesondert, für sich, nicht berücksichtigt, nicht enthalten, nicht eingeschlossen, nicht inbegriffen, nicht mitgerechnet, ohne, separat, ungerechnet

Die Preise verstehen sich einschließlich Verpackung und Installation, jedoch **ausschließlich** der Transportkosten.
ausschließlich der Verpackung
ausschließlich Porto
ausschließlich alkoholischer Getränke

engl. excluding, exclusive of, not including, not included
russ. за исключением, исключая, без
span. con exclusión de, excluido, no incluido
arab. لا تشتمل, عدا, ما عدا, دون, بدون
türk. hariç, dışında, -den ayrı, -siz
chin. 除...外, 不包括

außer + *D*, + *A*, + *G* | B1

Synonyme: abgesehen von, außer, ausgenommen, bis auf, neben, mit Ausnahme von, nicht eingeschlossen, nicht enthalten, nicht mitgerechnet, nur ... nicht, ohne, exklusive

Niemand **außer** meiner Schwester kann das verstehen.
Er war **außer** sich vor Freude.
Wir sind im Moment **außer** Dienst.
alle **außer** uns
die geraubten Wertgegenstände **außer** Landes schaffen

engl. out of; apart from, aside from, except for, all but; in addition to
russ. кроме; вне, из; за
span. con exclusión de, excluido, no incluido; fuera de; excepto; además de
arab. إلا, عدا, خلا, سوى
türk. -in dışında, -den başka; -e ilaveten, -e ek olarak
chin. 在...之外, 除非, 除...外

außerhalb + *G* | B2

Synonyme: jenseits, abseits, entfernt, weitab, fernab, fern, äußerlich, abgeschieden, abgelegen, öde

Außerhalb unserer Geschäftszeiten sind wir über E-Mail und Facebook erreichbar.
Das Hotel befindet sich etwas **außerhalb** der Stadtgrenzen.
Der alte König zeigt sich selten **außerhalb** des Schlosses.
Das Reisen **außerhalb** der Europäischen Union gestaltet sich mit Haustieren bürokratisch und schwierig.
außerhalb meiner Vorstellungskraft

engl. outside, out of, beyond
russ. за, вне, снаружи
span. fuera de
arab. خارج, خارج نطاق
türk. -in dışında
chin. 在...之外

ausweislich + *G* | B2

Synonyme: gemäß, laut, zufolge, anhand, wie man aus ... sehen kann, wie man aus ... erkennen kann

* *gehoben*

Er war **ausweislich** vieler archäologischer Funde einer der berühmtesten Könige der Antike.
Die junge Schauspielerin, die **ausweislich** ihrer Internetseite vier Fremdsprachen beherrscht, wird bald wieder in einer Fernsehserie zu sehen sein.
ausweislich der jüngsten Meinungsumfragen
ausweislich Ihres Lebenslaufes
ausweislich des Gesetzestextes

engl. as shown in, according to, as evidenced by
russ. по данным, как об этом свидетельствует
span. como se muestra en, como aparece en, según
arab. كما يتضح من
türk. kanıtlı, kanıtlandığı gibi
chin. 作为证明

II. Präpositionen B

bar + *G* | C1

Synonyme: ohne, jeglichen ... beraubt, ohne jeglichen

* *gehoben*

Bar jedes Interesses verfolgte die Studentin gähnend den langatmigen Vortrag des Dozenten.
bar jeder Vernunft/bar jeglicher Vernunft
bar jeder Einsicht
bar aller Hoffnung

engl. devoid of, (utterly) without, (completely) without
russ. не имеющий, лишенный, без
span. sin ningún
arab. عار (عن), بدون, عاري
türk. -siz, bir şeyden yoksun olmak, yoksun, -den mahrum
chin. 毫无, 全无, 没有

behufs + *G* | C2

Synonyme: zu, zum Zwecke, zwecks, für, um ... zu ...

* *gehoben, literarisch, veraltend*

Die Eltern der Schüler versammelten sich **behufs** Gründung eines Schul-Fördervereins in der Schule.
Man schlug vor, sich **behufs** der Klärung dieser Angelegenheit mit dem Chef in Verbindung zu setzen.
Der Forscher hatte seine Entdeckungsreise unternommen, um genauere Erkenntnisse **behufs** der künftigen Einrichtung des neuen Museums zu erlangen.

engl. in order to, for this purpose
russ. с целью, в целях, для
span. para, con el fin de
arab. لهذا الغرض, لغرض
türk. maksadıyla, amacıyla, -i için
chin. 为, 好, 为了

bei + *D* | A1

Synonyme: in der Nähe (von), neben, an, im Haus von, in der Wohnung von; anlässlich; während, in; zwischen, unter

Er arbeitet *bei* Siemens/Ford/Mercedes/einer großen Firma.
Ich bin oft *bei* meinen Eltern.
Lisa ist gern *bei* ihrer besten Freundin.
Ist dein Bruder noch *beim* Arzt?
Bei so einem kalten Wetter können wir nicht schwimmen.
bei dieser Gelegenheit
bei nächster Gelegenheit
beim ersten/letzten Mal

engl. at, with, in, near, among; during, at, while
russ. у, около, в; при
span. en, cerca de, junto a; en, durante; en caso de
arab. عند, لدى, وقت؛ في حال ما
türk. -de, -da, -in yakında, -in evde, yakınlarında; zamanında, süresinde
chin. 靠近; 在某人处; 在; 在...情况下; 在...方面, 一同

beiderseits + *G* | B2

Synonyme: beidseits, auf beiden Seiten (von), bei beiden, von beiden, hüben und drüben, hüben wie drüben

Beiderseits des Flusses sind hohe Berge zu sehen.
Beiderseits der Front waren unzählige Verletzte zu beklagen.

engl. on both sides (of)
russ. по обе стороны, по обеим сторонам
span. a ambos lados, de una parte y de otra
arab. كلا الجانبين, متبادل, من الجانبين
türk. -in her iki tarafında; karşılıklı olarak
chin. 两边

beidseits + *G* | B2

Synonyme: beiderseits, auf beiden Seiten (von), bei beiden, von beiden, hüben und drüben, hüben wie drüben

In Köln kann man *beidseits* des Rheins schön spazieren gehen.
Beidseits der Grenze gibt es viele Kontrollen.

engl. on both sides (of), by both of them
russ. по обе стороны, по обеим сторонам
span. a ambos lados, de una parte y de otra
arab. كلا الجانبين, متبادل, من الجانبين
türk. -in her iki tarafında; karşılıklı olarak
chin. 两边

betreffs + *G* | B2

Synonyme: bezüglich, in Bezug auf, im Hinblick auf, in puncto, was ... anbelangt, hinsichtlich, wegen

* *gehoben*

Wir müssen uns **betreffs** Deiner Studienwahl noch einige Gedanken machen.
Es fand **betreffs** der künftigen Entwicklung des Dorfes eine Versammlung statt.
Wir schreiben Ihnen **betreffs** einer finanziellen Unterstützung für das neue Projekt.

engl. regarding, concerning, as to, referring to
russ. относительно, касательно, насчёт
span. respecto a, en cuanto a
arab. فيما يختَص, بصدد, من ناحية
türk. dair, hakkında, hususunda
chin. 有关的, 关于

bezüglich + *G* | A2

Synonyme: betreffs, in Bezug auf, im Hinblick auf, in puncto, was ... anbelangt, hinsichtlich, wegen

Sie hat sich noch nicht **bezüglich** ihrer Pläne geäußert.
Die Polizei tappt **bezüglich** der Täter noch im Dunkeln.

engl. regarding, concerning, as to, referring to
russ. относительно, касательно, насчёт
span. respecto a, en cuanto a
arab. فيما يختَص, بصدد, من ناحية
türk. dair, hakkında, hususunda
chin. 有关的, 关于

binnen + *G* *(auch + D)* | B2

Synonyme: im Laufe (von), in, innerhalb, während, innert

Sobald die Zahlung durchgeführt worden ist, wird Ihnen die Eintrittskarte **binnen** dreier Werktage zugesandt.
Seine schulischen Leistungen haben sich **binnen** eines Jahres deutlich verbessert.
binnen zweier/dreier Tage
binnen einer Stunde
binnen einer Woche
binnen kurzer Zeit

engl. within, in
russ. в течение
span. en, dentro de
arab. أثناء, خلال, في أثناء
türk. içinde, esnasında, sırasında
chin. 在...之内, 在...内部

bis + *A* | A1

Synonyme: spätestens; einschließlich, inklusive, samt, inbegriffen

Wir hoffen, dass der Chef die Probleme **bis** morgen lösen kann.
Fährt der Zug **bis** München oder nur **bis** Augsburg?
Mein Vater arbeitet täglich von acht **bis** siebzehn Uhr.
Er treibt vier- **bis** fünfmal die Woche Sport.
bis morgen
bis Samstag
bis November
bis Berlin
bis London

→ *bis auf + A = außer, nur nicht, mit Ausnahme*
Bis auf den neuen Schüler waren alle da.
Alle **bis** auf Maria gehen heute in die Disko.

→ *bis zu + D*
Manchmal arbeiten sie **bis** zu 14 Stunden am Tag.
Du solltest dich spätestens **bis** zum November entscheiden.
in Städten mit **bis** zu 100.00 Einwohnern

engl. until, till, to, by, not later than; to, as far as
russ. до
span. hasta
arab. بحلول, إلى, حتى
türk. -e kadar, -e dek
chin. 直到, 以...为止

III. Präpositionen C

---

contra + *A (auch: kontra)* | **B2**

Synonyme: gegen, wider, entgegen

Bist du pro oder **contra** Leistungssport?
Der kritische Zeitungsleser schrieb einen Leserbrief **contra** Integration.
Ökologie **contra** Ökonomie
der Gerichtsprozess Müller **contra** Schmidt

engl. against, versus, contrary to
russ. против
span. contra, en contra
arab. ضد, مقابل, بالمقارنة
türk. karşı, aleyhin(d)e
chin. 反对, 违背

IV. Präpositionen D

dank + *G* (auch + *D*) | B1

Synonyme: infolge, aufgrund, durch, angesichts, in Anbetracht, veranlasst durch

Dank deiner Hilfe habe ich den Test bestanden.
Dank seiner langjährigen Erfahrungen gewann er den Wettkampf.
Der Schwerverletzte überlebte nur **dank** einer Notoperation.
dank eines Zufalls/einem Zufall
dank Internet
dank moderner Technik

engl. owing to, thanks to, through, because of
russ. благодаря
span. gracias a
arab. بفضل
türk. -in sayesinde, sonucu olarak
chin. 由于, 多亏

diesseits + *G* | B2

Synonyme: auf dieser Seite, hier, herüben

Jenseits des Waldes befindet sich eine Industriestadt, **diesseits** gibt es nur kleine Dörfer.
Diesseits der Alpen liegt nur wenig Schnee.
diesseits des Flusses
diesseits der Grenze

engl. on this side of
russ. по эту сторону
span. a este lado de, aquí
arab. من هذه الجهة
türk. -in berisinde, beri tarafta, burada
chin. 在...的这一边

durch + *A* | A1

Synonyme: hindurch, mittendurch; anhand, infolge, dank, aufgrund, mithilfe, mit Unterstützung; im Laufe (von), während, innerhalb

Sie geht ***durch*** die Tür.
Wir spazieren ***durch*** die Stadt.
Er überzeugt die Diskussionspartner ***durch*** ein gutes Argument.
Frau Meier arbeitet das ganze Jahr ***durch***.
Neun geteilt ***durch*** drei (ist) gleich drei.
Durch fleißiges Lernen sowie viel und regelmäßige Wiederholung ist man in der Lage, die deutsche Sprache sehr gut zu erlernen.

engl. through, across; by, by means of
russ. по, через, сквозь
span. por; por medio de, mediante, con; durante
arab. من خلال؛ عن طريق؛ بسبب
türk. -den/-dan, -in içinden, -in ortasından; aracılığıyla, sayesinde, yardımıyla; süresince, boyunca
chin. 穿过；根据, 借助, 在...的协助下

V. Präpositionen E

eingangs + *G* | C1

Synonyme: anfangs, am Anfang, einleitend

Wie schon **eingangs** des Textes erwähnt, ...
Eingangs unseres Schreibens ...
eingangs des 17. Jahrhunderts

engl. at the start of, at the beginning of
russ. в начале
span. al principio, a comiencos de, a principios de
arab. أوائل, في بداية
türk. baş(langıç)ta, -ın başlangıcında, başta
chin. 初, 起初, 当初

eingedenk + *G* | C1

Synonyme: wegen, aufgrund, unter Berücksichtigung, in Anbetracht, beherzigend

* *gehoben*

Der langjährige Chefarzt erhielt die Urkunde **eingedenk** seiner zahlreichen Verdienste für das Krankenhaus.
Eingedenk der Tatsache, dass ...
Eingedenk dessen, aus welch ärmlichen Verhältnissen dieser Politiker stammt, kommt man nicht umhin, ihm einen gewissen Respekt zollen.

engl. remembering (that), bearing in mind (that)
russ. памятуя, помнящий
span. consciente de, respecto a, en cuanto a
arab. بسبب, بفضل, مع مراعاة أن
türk. -in hatırlanması, hatırlama, dikkatli, düşünen
chin. 铭记, 鉴于

einschließlich + *G* | B1

Synonyme: inklusive, nebst, mitsamt, mit, unter Einschluss (von)

Das Buch kostet 10,90 € **einschließlich** Versandkosten/Porto und Verpackung.
Ich habe das Buch schon bis Seite 180 **einschließlich** gelesen.
Der Preis versteht sich **einschließlich** (der) Mehrwertsteuer.

engl. including, inclusive of, included
russ. включая, с
span. incluido, comprendido, con
arab. شاملا, شاملة, وسيشمل
türk. dahil, içinde, dahil olduğu halde, ile, ile birlikte
chin. 包括, 一同, 带, 连同

entgegen + *D* | B2

Synonyme: gegen, wider, contra, ungeachtet, im Gegensatz zu, im Widerspruch zu, trotz, zum Trotze

Entgegen meinem Rat ist sie leider nicht zum Arzt gegangen.
Unserem Vorschlag **entgegen** wendet der neue Arbeitskollege leider nicht die schnellste Methode an.
Das ist aber **entgegen** unserer Abmachung!

engl. against, contrary to
russ. вопреки, против
span. en contra (de), en oposición a
arab. خلاف, عكس, على نقيض
türk. -in tersine, -in aksine, -e aykırı, -e zıt olarak
chin. 反对, 违背

entlang +*G*/+*A* | B1

Synonyme: an der Seite, seitlich, neben, längs

→ *Genitiv* (vorangestellt)
Sie spazierten Hand in Hand **entlang** des Flusses.
Entlang des Weges gibt es einen Holzzaun.

→ *Akkusativ* (nachgestellt)
Wir machen eine Fahrradtour die Donau **entlang**.
Er joggt jeden Morgen den Fluss **entlang**.

engl. along
russ. вдоль, в стороне от
span. a lo largo de, siguiendo, de lado
arab. على طول, على امتداد
türk. boyunca, açısından, uzunluğunca, yönünde, boylamasına, -in yanında
chin. 顺, 沿 (沿海, 沿途, 沿街...)

entsprechend + *D* | B2

Synonyme: nach, gemäß, in Entsprechung zu, analog, zufolge, hinsichtlich

Die Mitarbeiter werden **entsprechend** ihren Qualifikationen bezahlt.
Es geht ihr den Umständen **entsprechend**.
Sie müssen den Anweisungen **entsprechend** handeln!
Ihrem Wunsch **entsprechend**

engl. according to, in accordance with, corresponding to
russ. согласно
span. según, de acuerdo con
arab. طبق, حسب, بموجب
türk. -e göre, lâyıkıyla, e nazaran
chin. 按照

exklusive + *G* | B1

Synonyme: ausschließlich, ausgenommen, bis auf, außer, ohne, minus, unter Abzug, abgezogen, abgerechnet, abzüglich

Der Zimmerpreis versteht sich **exklusive** Frühstück, Schwimmbad- und Saunanutzung.
exklusive Porto und Verpackung
exklusive Getränke

engl. exclusive of, excluding
russ. за исключением, исключая, без
span. con exclusión de, excluido, no incluido, sin
arab. ما عدا, دون, بدون
türk. hariç, dışında, -den ayrı, -siz
chin. 不含, 没有

VI. Präpositionen F

fernab + *G* | C1

Synonyme: fern (von), weitab, weit (von), entfernt (von)

* *gehoben*

Die Familie wohnt **fernab** des Großstadtlärms.
fernab der Heimat
fernab der Realität/der Wirklichkeit
fernab des Massentourismus'
ein ruhiger Lebensabend, **fernab** von Arbeit und Stress

engl. far away from
russ. далеко
span. en la lejanía, muy lejos de
arab. بعيدة عن, بعيدا عن, بعيد جدًا
türk. -den çok uzakta, -den çok uzak
chin. 遥远, 远的

fern + *G* | B2

Synonyme: fernab, weitab, weit (von), entfernt (von)

Privat führte der Rockstar ein ruhiges Leben **fern** allen Trubels.
Die Flüchtlinge leben **fern** der Heimat.
fern von hier
von **fern** betrachtet

engl. far (away) from
russ. далеко
span. lejos de
arab. بعيدة عن, بعيدا عن, بعيد جدُ
türk. -e uzak, -e uzakta
chin. 遥远, 远的

für + *A* | A1

Synonyme: zugunsten, pro, zuliebe; angesichts, wegen, aufgrund; anstatt, anstelle, als Ersatz; per, je, pro, auf

Die Arbeiter kämpfen *für* höhere Löhne.
Ich mache das alles *für* meine Heimat.
Das Geschenk ist *für* meinen besten Freund.
Die Mutter bereitet eifrig das Essen *für* die Familienfeier vor.
Sie entschuldigte sich *für* den Fehler.
Oje … du bist ja so krank! Ich mache heute deine Arbeit *für* dich, und du kannst dich ausruhen.
Die Sekretärin ist *für* zwei Tage verreist.

engl. for, in favour
russ. для
span. para, por, en favor de; en lugar de, en vez de
arab. لـ, من أجل, مقابل
türk. -i için, -e, -in lehine; -in yerine; tanesi … -e;
chin. 为了, 为, 好; 交换

VII. Präpositionen G

gegen + *A* | A1

Synonyme: contra, entgegen, an, auf, zu (hin); entgegen, zuwider, trotz; etwa, circa, ungefähr, rund; für, anstelle, im Austausch für

Der Fußballclub FC München ABC spielt heute ***gegen*** FC Stuttgart CDE.
Die Mannschaft gewann 2:0 ***gegen*** ihre Gegner.
Martin lehnt sein Fahrrad ***gegen*** die Wand.
Der Regen klatscht laut ***gegen*** das Fenster.
Man sollte etwas ***gegen*** den Hunger in der Welt tun!
Die Kinder kommen ***gegen*** zwei nach Hause.
Wir treffen uns ***gegen*** Mittag.
Wir liefern die Ware nur ***gegen*** Barzahlung.

engl. toward(s); versus, against; round about, around
russ. против; около
span. contra; en contra (de), en oposición a; a cambio de; comparado con
arab. ضد, مقابل, بالمقارنة؛ نحو
türk. -e karşı; -e, doğrultusunda ; -in tersine, -in aksine, -e aykırı, -e zıt olarak; nispetle
chin. 反对, 违背; 前后

gegenüber + *D* | A1

Synonyme: gegen, zu; im Verhältnis zu, im Vergleich zu, neben, gegen, verglichen mit

Das Hotel befindet sich ***gegenüber*** dem Rathaus.
Die Bäckerei ist ***gegenüber*** der alten Post.
Der neue Vorgesetzte ist ***gegenüber*** den Mitarbeitern sehr höflich und gerecht.
Der fleißige Schüler ist dem faulen ***gegenüber*** im Vorteil.

engl. opposite, accross from; with regard to, with respect to
russ. напротив
span. en frente de, frente a; comparado con
arab. تجاه, مقابل, حيال
türk. -in karşısında, karşılıklı, yüz yüze; -e nispetle; -in karşımda
chin. 对, 面对; 在...对面; 相对...而言

gelegentlich + *G* | C1

Synonyme: angelegentlich, bei, anlässlich, aus Anlass

* *gehoben*

Gelegentlich seines fünfundsechzigsten Geburtstags organisierte seine Firma eine große Geburtstagsfeier.
Es fand ***gelegentlich*** des Präsidentenbesuches ein feierlicher Empfang statt.

engl. on the occasion of
russ. по поводу, в связи с, по случаю
span. con ocasión de, con motivo de
arab. بمناسبة
türk. dolayısıyla, vesilesiyle, -e binaen
chin. 为了, 在…之际, 由于

gemäß + *D* | B2

Synonyme: laut, entsprechend, nach, zufolge, in Anlehnung an, wie … sagt, wie es in … steht, wie … berichtet, in Übereinstimmung mit

Zum Glück handelte er ***gemäß*** deinem Vorschlag!
Gemäß Paragraph 10 des neuen Gesetzes ist das, was Sie hier tun, verboten.
gemäß internationalen Gesetzen
den üblichen Verhaltensregeln ***gemäß***

engl. according to, in accordance with
russ. согласно, по данным, как об этом свидетельствует
span. según, de acuerdo con; como se muestra en, como aparece en, según
arab. طبق, حسب, بموجب
türk. -e göre, doğrultusunda, mutabık, hükmünce
chin. 按照, 根据

gen + *A* | C2

Synonyme: nach, in Richtung, gegen, zu

* *gehoben*

Im Winter fliegen die Vögel *gen* Süden.
Sein Blick richtete sich langsam *gen* Westen.
Diesen Sommer wollen wir *gen* Osten fahren – vielleicht in die Ukraine.
Sie blickte hoffnungsvoll *gen* Himmel.

engl. towards, toward
russ. до, к, в
span. hacia, a, cara a
arab. إلى, نحو, صوب
türk. -e, yönünde, -e doğru
chin. 向, 朝

getreu + *D* | C1

Synonyme: nach, gemäß, entsprechend, so wie, laut

Die Familie handelte *getreu* dem letzten Willen des Verstorbenen.
getreu dem Motto „ ... "
getreu der Tradition unseres Hauses
dem Beispiel/der Vorlage *getreu*

engl. true to, according to
russ. в соответствии, согласно
span. fiel a
arab. مخلص, بناء
türk. -e göre, -e nazaran
chin. 按照

gleich + *D* | C1

Synonyme: wie, nach dem Beispiel, analog, ähnlich, nach dem Beispiel, genauso, ebenso (wie)

Gleich seinem Vater ist auch er Anwalt geworden.
Einem Adler *gleich* erhob sich der Drachenflieger in die Luft.
gleich einem wütenden Stier
einem Jüngling *gleich*

engl. like
russ. как
span. como, igual a, a semejanza de
arab. بمثابة, حسب, تماما مثل
türk. gibi, -miş gibi, güya, aynen
chin. 像...一般, 好像, 类似, 按照

VIII. Präpositionen H

halber + *G* | C1

Synonyme: um ... willen, wegen, zuliebe, zwecks, im Interesse

Der Einfachheit **halber** machen wir zunächst einige kurze Beispiele.
Der ganzen Aufregung **halber** erlitt er einen Schock.
der Ordnung **halber**
des Friedens **halber**
der Vollständigkeit **halber**

engl. on account of, for the sake of
russ. из-за; в целях, с целью, для
span. por razones de, por, para, en favor de
arab. أجل, لمصلحة, لغرض, من أجله
türk. -i için, -den dolayı, nedeniyle
chin. 为, 好, 为了

hinsichtlich + *G* | C1

Synonyme: bezüglich, in Bezug auf, betreffs, in Hinsicht auf, in puncto, was ... anbelangt

Hinsichtlich der Gesundheit ihrer Frau brauchen Sie sich wirklich keine Sorgen zu machen.
Hinsichtlich des Kollegen Herrn Müller gab es mehrere Beschwerden vonseiten der Kunden.
hinsichtlich Ihrer Einwände
hinsichtlich der Qualität der Produkte
hinsichtlich des Preises
hinsichtlich Ihrer Beschwerde

engl. in view of, with regard to
russ. относительно, касательно, насчёт
span. respecto a, en cuanto a
arab. فيما يختصّ, بصدد, من ناحية
türk. dair, hakkında, hususunda
chin. 有关的, 关于

hinter + *D*, + *A* *(Wechselpräposition)* | A1

Synonyme: auf der Rückseite (von), auf der anderen Seite (von), danach; an späterer Stelle, nach, später, danach, anschließend, hiernach;

→ *Dativ (z. B. bei „wo?")*
Die Tafel befindet sich *hinter* dem Lehrer.
Wir haben einen schönen Garten *hinter* unserem Haus.
Endlich hat Nicole ihre Schulzeit und das Abitur *hinter* sich!
Die Maus versteckt sich *hinter* dem Bücherregal.

→ *Akkusativ (z. B. bei „wohin?")*
Das Kursbuch ist *hinter* den Tisch gefallen.
Du stellst die Stehlampe *hinter* das Sofa.
Diese alte Tradition reicht noch *hinter* die Römerzeit zurück.

engl. behind, at the back of; after
russ. за
span. detrás de, tras; después de
arab. خلف, وراء
türk. -in arkasında
chin. 后边, 后面

IX. Präpositionen I

im Namen + *G* | C1

Synonyme: im Auftrag, anstelle, in Vertretung; für, zwecks, im Rahmen

Ich schreibe Ihnen *im Namen* unseres gesamten Kollegiums.
Der Rechtsanwalt hat die Vorwürfe *im Namen* seines Mandanten als haltlos zurückgewiesen.
All diese Aktionen werden *im Namen* des Klimaschutzes durchgeführt.
Wir führen diesen Kampf **im Namen** der Freiheit!

engl. in the name of, on behalf of
russ. от имени
span. en nombre de
arab. باسم
türk. adına, namına
chin. 以...名义; 为了...目的

in + *D*, + *A (Wechselpräposition)* | A1

Synonyme: innen, an, innerhalb, drin; während, binnen, im Laufe (von), innert, in der Zeit (von)

→ *Dativ* (z. B. bei „wo?", „wann?")
In der Klasse sind fünf Schüler.
Mesut lebt *in* der Türkei.
Berlin liegt *in* Deutschland.
Wir besuchen euch *in* drei Wochen.
In den Ferien spielen wir am liebsten Tennis.
Ich sehe einen Film *im* Kino. *(in + dem)*
Das kranke Mädchen liegt *im* Bett. *(in + dem)*

→ *Akkusativ* (z. B. bei „wohin?")
Nächste Woche fliegst du *in* die Türkei.
Ich würde gerne *in* den Süden fahren.
Er gießt heißen Kaffee *in* die weiße Tasse.
Die Geschwister springen *ins* kalte Wasser. *(in + das)*
Morgen Abend gehen wir *ins* Kino. *(in + das)*
Das kranke Mädchen legt sich *ins* Bett. *(in + das)*

engl. in, inside; during, in; into, to
russ. в, на
span. en; en, dentro de
arab. في, إلى, داخل؛ إلى الدَاخل؛ بعد؛ خلال
türk. -de, -in içinde, -in içerisinde; -e, yönünde
chin. 在...里; 在...之内, 在...内部

in puncto + *D* | B2

Synonyme: bezüglich, hinsichtlich, betreffend, was ... anbelangt, in Sachen, punkto

In puncto Sauberkeit ist der Vermieter sehr streng.
In puncto Disziplin nimmt es die Lehrerin sehr genau.
Unser Hotel war ganz gut, aber *in puncto* Essen hätten die Portionen ruhig etwas größer ausfallen können.
In puncto Glaubwürdigkeit hat der neue Präsident ein großes Problem.

engl. with regard to, concerning, in so far as ... is concerned
russ. относительно, касательно, насчёт
span. respecto a, en cuanto a
arab. فيما يختصّ, بصدد, من ناحية
türk. dair, hakkında, hususunda
chin. 有关的, 关于

infolge + *G* | B2

Synonyme: aufgrund, wegen, dank, durch, veranlasst durch, ob, bedingt durch

Infolge starken Stresses hat die Managerin Kreislaufprobleme.
Infolge der hohen Arbeitslosigkeit wurde das Volk immer unzufriedener.
infolge starken Regens
infolge Hochwassers
infolge dichten Nebels

engl. as a result of, because of, owing to, due to
russ. из-за, на основе, на основании, исходя из
span. a causa de, por, en razón de, a raíz de
arab. نتيجةً, نتيجةً ل, بسبب
türk. -den dolayı, -in yüzünden, nedeniyle
chin. 由于

inklusive + *G* | A1

Synonyme: einschließlich, mit, samt, bereits enthalten, berücksichtigt

Die Bahnfahrt kostet 199 € **inklusive** Sitzplatzreservierung und Mehrwertsteuer.
inklusive aller Gebühren
inklusive Versandkosten
inklusive Frühstück

engl. inclusive of, included, including
russ. включая, с
span. incluido, comprendido, con
arab. شاملا, شاملة, وسيشمل
türk. dahil, içinde, dahil olduğu halde, ile, ile birlikte
chin. 包括, 一同, 带, 连同

inmitten + *G* | B2

Synonyme: mitten unter, unter, in der Mitte (von), mitten in, im Kreise

Der kleine See liegt **inmitten** eines großen Waldes.
Inmitten der lauten, tanzenden Partygäste schlief sie seelenruhig ein.
Inmitten seiner Schüler fühlt sich der Deutschlehrer am wohlsten.

engl. in the middle of, amongst, amidst, surrounded by
russ. среди
span. en medio de
arab. وسط, في منتصف, بين
türk. -in arasında, -in ortasında, içinde
chin. 在...中间

innerhalb + *G* | B1

Synonyme: binnen, über, durch, unter

Sie sprechen nur *innerhalb* der Familie über dieses Thema.
Die Siedlung liegt *innerhalb* Frankfurts.
Ich möchte die Angelegenheit noch *innerhalb* der Ferien erledigen.
Bitte antworten Sie auf unser Schreiben *innerhalb* einer Woche.
Ich sage dir *innerhalb* der nächsten zwei Stunden Bescheid, ob es klappt.

engl. inside, within, intra
russ. в течение; среди
span. en, dentro de, en el interior de
arab. أثناء, خلال, في أثناء؛ داخل, بالداخل
türk. içinde, esnasında, sırasında
chin. 在...之内, 在...内部

innert + *G* | B2

Synonyme: innerhalb, binnen, *im Verlauf (von)*

* *Schweiz, Österreich*

Der Chef wollte uns eigentlich *innert* zweier Tage über die Verhandlungen informieren.
Innert eines Jahres fehlte die Schülerin fünfmal unentschuldigt.

engl. within, in, inside (of), intra
russ. в течение
span. en, dentro de
arab. أثناء, خلال, في أثناء
türk. içinde, esnasında, sırasında
chin. 在...之内, 在...内部

X. Präpositionen J

je + *A* | A2

Synonyme: pro, zu, das Stück zu, à, zu jeweils

Es gibt einen Lehrer *je* zehn Kursteilnehmer.
Der Einzelunterricht kostet 30 € *je* angefangene Stunde.
Für *je* vier Äpfel zahlt man einen Euro.

→ *Auch ohne Beugung, mit Nominativ, wie ein Adverb*
je erwachsener Kursteilnehmer
je Student

engl. per, every, each
russ. по, для
span. a … (cada uno), por pieza
arab. من كل, كلما, لكل قطعة, كلَ
türk. başına
chin. 每件

jenseits + *G* | B2

Synonyme: drüben, auf der anderen Seite, gegenüberliegend

Das ist *jenseits* der menschlichen Vorstellungskraft.
Jenseits des Tales erwartet uns ein gemütliches Hotel.
jenseits der Grenze
jenseits des Waldes
jenseits von Gut und Böse
jenseits des Atlantiks

engl. on the other side of, beyond
russ. по ту сторону, за
span. en el otro lado, más allá, fuera de
arab. على الجانب الآخر, على الضَفة لأخرى, خلف
türk. -in ötesinde, -in öbür tarafında
chin. 在…的那边, 在…对岸

XI. Präpositionen K

kraft + *G* | C1

Synonyme: durch, aufgrund, mithilfe, vermöge, infolge, dank, vermittels(t)

* *gehoben*

Kraft seines Amtes entschied der Bürgermeister, dass eine neue Grundschule gebaut wird.
Kraft ihrer Position hat sie Zugang zu vielen sensiblen Kundendaten.
kraft (des) Gesetzes

engl. by use of, by virtue of, on the strength of
russ. в силу, по долгу, из-за, на основе, на основании, исходя из
span. en virtud de, a causa de, por, en razón de, a raíz de
arab. بقوة, بموجب, بناء على
türk. sayesinde, -in gücü, -den doğan
chin. 在...的协助下, 根据, 由于, 为了

XII. Präpositionen L

lang + *A* | B2

Synonyme: entlang, an der Seite, seitlich, neben, längs

Ich joggte in der Mittagspause eine halbe Stunde den Fluss **lang**.
Er spazierte seelenruhig die Straße **lang**, als plötzlich ein Auto wie verrückt hupte.

engl. along
russ. вдоль, в стороне от
span. a lo largo de, siguiendo, de lado
arab. على طول, إلى جانب
türk. boyunca, açısından, uzunluğunca, yönünde, boylamasına, -in yanında
chin. 顺, 沿 (沿海, 沿途, 沿街...)

längs + *G* | B2

Synonyme: entlang, lang, neben, an der Seite, am Rand

Die Wälder **längs** des Flusses sind üppig und grün.
Längs des Weges stehen zahlreiche Bänke, auf denen man sich ausruhen kann.
Längs der Meeresküste erstrecken sich schattige Pinienwälder.

engl. along, lengthwise, longitudinally
russ. вдоль, в стороне от
span. a lo largo de, siguiendo, de lado
arab. على طول, على امتداد
türk. boyunca, açısından, uzunluğunca, yönünde, boylamasına, -in yanında
chin. 顺, 沿 (沿海, 沿途, 沿街...)

längsseits + *G* | C1

Synonyme: an, entlang der Längsseite

* vor allem bei der Schifffahrt verwendet

Das Rettungsboot ankerte **längsseits** des führerlosen Schiffes.
Das Schiff legte **längsseits** des Dampfschiffes an.

engl. alongside
russ. вдоль, в стороне от
span. a lo largo de, siguiendo, de lado
arab. على طول, على امتداد
türk. boyunca, açısından, uzunluğunca, yönünde, boylamasına, -in yanında
chin. 顺, 沿 (沿海, 沿途, 沿街...)

laut + *G* | B1

Synonyme: zufolge, nach, wie ... sagt, wie ... schreibt, wie ... berichtet, entsprechend, gemäß

Laut Papa ist diese Autowerkstatt nicht gut.
Laut des Zeitungsartikels soll der Präsident seinen Besuch abgesagt haben.
Laut ärztlichen Gutachtens ist es dem Sportler untersagt, am nächsten Wettkampf teilzunehmen.
laut Gesetz
laut Medienberichten
laut Grundgesetz
laut amtlicher Mitteilung
laut Polizeibericht

engl. according to
russ. в соответствии, согласно; по данным, как об этом свидетельствует
span. según, de acuerdo con; como se muestra en, como aparece en, según
arab. طبق, حسب, بموجب
türk. -e göre, -e nazaran
chin. 按照, 根据

links + *G* | A2

Synonyme: links stehend, zur Linken, auf der linken Seite

Politisch steht die Lehrerin *links* der Mitte.
Links der Autobahn ist ein malerisches Dorf zu sehen.
links der Donau
links des Weges

engl. on the left of, to the left of
russ. слева
span. a la izquierda de
arab. إلى يسار
türk. -in solunda, solda
chin. 左边

XIII. Präpositionen M

mangels + *G* | B2

Synonyme: aus Mangel an, weil es kein/-e/-en ... gibt, weil es nicht genügend ... gibt, weil es an ... mangelt, ohne

Mangels eindeutiger Beweise wurde der Angeklagte freigesprochen.
Mangels finanzieller Unterstützung musste das Theater geschlossen werden.
Mangels Schnee ist diesen Winter das Skifahren in unserer Region leider nicht möglich.

engl. for lack of
russ. за недостатком, за неимением
span. por falta de, porque no hay
arab. لعدم وجود, بسبب عدم وجود
türk. çünkü ... yok, -in bulunmadığından dolayı, olmadığından
chin. 由于缺乏

minus + *A* *(auch + G, + D)* | A1

Synonyme: nach Abzug, abgerechnet, abgezogen, ohne, exklusive

Die Rechnung beträgt 500 € **minus** Steuern.
dieser Preis **minus** die üblichen Abzüge

engl. minus, less, without, exclusive of, excluding, below
russ. за исключением, исключая, без
span. con exclusión de, excluido, no incluido
arab. ناقص, بدون
türk. hariç, dışında, -den ayrı, -siz
chin. 不含, 没有

mit + *D* | A1

Synonyme: inklusive, einschließlich, samt, nebst; mithilfe, durch, mittels

Sie war gestern **mit** ihrer Schwester in der Stadt.
Der Nachbar trinkt seinen Kaffee immer **mit** Zucker.
Willst du **mit** uns Fußball spielen?
Er träumt von einem schönen Haus **mit** Garten.
Mit mir waren wir insgesamt zwölf Leute im Sprachkurs.
Was ist denn los **mit** dir?
Mit 40 ist man noch jung.
Wir rechnen **mit** gutem Wetter.
Habt ihr schon **mit** dem Direktor gesprochen?
Er erledigt seine Arbeit **mit** einem neuen, schnellen Computer.
mit Sack und Pack auswandern
mit Sack und Pack das Land/die Stadt verlassen

engl. with, including, by
russ. с, включая
span. con; incluido, comprendido, con; por medio de, mediante, con
arab. ب, بواسطة, باستخدام؛ مع, شاملا, شاملة, وسيشمل
türk. ile, ile birlikte; -in yardımıyla
chin. 一同, 带, 连同; 根据, 借助, 在…的协助下

mithilfe + *G* | B1

Synonyme: durch, via, per, anhand, mit Unterstützung, unter Verwendung

Sie fällten den großen Baum **mithilfe** einer Kettensäge.
Mithilfe ihrer Freunde konnte die Familie fliehen.
Die neue Sporthalle wurde **mithilfe** vieler privater Spender finanziert.
Mithilfe des Computerprogramms konnte man den Text schneller übersetzen als mit dem Wörterbuch.

engl. with the help of, with the aid of, with the assistance of
russ. с помощью
span. con ayuda de, por medio de, mediante, con
arab. باستخدام, عن طريق, مع, ب
türk. -in yardımıyla, ile
chin. 根据, 借助, 在…的协助下

mitsamt + *D* | B1

Synonyme: samt, mit, einschließlich, inklusive

Das Schiff ist **mitsamt** seiner ganzen Ladung untergegangen.
Er zog **mitsamt** seiner Familie nach Mainz.

engl. together with
russ. включая, с
span. incluido, comprendido, con
arab. مع, شاملا, شاملة, وسيشمل
türk. dahil, içinde, dahil olduğu halde, ile, ile birlikte, birlikte
chin. 一同, 带, 连同

mittels + *G* | B2

Synonyme: mithilfe, durch, mit, anhand, unter Zuhilfenahme (von)

* *gehoben*

Unsere interne Firmenkorrespondenz erledigen wir meist **mittels** E-Mail.
mittels Atomkraft
mittels Solarenergie
mittels eines Löffels
mittels modernster Technik

engl. by means of, with
russ. с помощью
span. por medio de, mediante, con
arab. باستخدام, عن طريق, مع, ب
türk. vasıtasıyla, -in yardımıyla, ile
chin. 根据, 借助, 在...的协助下

XIV. Präpositionen N

nach + *D* | A1

Synonyme: in Richtung, gen, zu, in; danach, dann, hierauf, anschließend, später; gemäß, laut, zufolge, wie ... sagt, wie ... berichtet

Wann bist du das erste Mal **nach** Spanien geflogen?
Nach der Arbeit trinken wir zusammen ein kühles Bier.
Nach Aussage des Zeugen ist der Angeklagte unschuldig.
Fahren Sie zuerst geradeaus und dann **nach** links.
Nach dem Abendessen werden wir ein bisschen spazieren gehen.
Nach den Sommerferien beginne ich mit der siebten Klasse.
Nach einem Zeitungsbericht soll gestern ein Flugzeug abgestürzt sein.
Meiner Meinung **nach** ist das Wetter hier sehr schön.

engl. to, for, towards; after, past; according to, in accordance with
russ. в, к; после; согласно, по данным, как об этом свидетельствует
span. hasta, hacia, a; según, de acuerdo con; como dice(n), como se muestra en, como aparece en, según
arab. بعد, عقب; إلى, نحو؛ طبق, حسب, بموجب
türk. -e, -e doğru, yönünde ; -e göre, -e nazaran; sonra
chin. 向, 朝; 后边, 后面; 按照, 根据

nächst + *D* | C1

Synonyme: neben, unweit, seitlich; außer

* *gehoben*

Er wohnt in dem Gebäude **nächst** der Bank.
Nächst dieser leitet sie noch zwei weitere Firmen.
Nächst der Kriminalität, der Steuergeldverschwendung und der Überbevölkerung ist der Bildungsverfall eines der größten Probleme in unserem Lande.

engl. next to, beside; aside from, apart from
russ. возле, у, около
span. cerca de, junto a
arab. بجوار, على طول, بالقرب (من)
türk. -in yanında, yakın(lar)ında; -in dışında
chin. 旁边, 附近

nahe + *D* | A2

Synonyme: neben, in der Nähe, unweit

Nahe dem kleinen See machten wir ein gemütliches Lagerfeuer.
Die Studentin sucht eine Wohnung **nahe** der Universität.
Nahe dem Hauptbahnhof gibt es viele Hotels und Kioske.

engl. near (to), close to
russ. возле, у, около
span. cerca de, junto a
arab. بالقرب (من), دليل الأماكن, بجانب
türk. -in yanında, yakın(lar)ında
chin. 旁边, 附近

namens + *G* | C1

Synonyme: im Namen, im Auftrag, veranlasst durch, beauftragt von

Der Anwalt sprach **namens** seines Mandanten mit der Firma.
Die Entscheidung wurde **namens** des Präsidenten getroffen.
Der Botschafter gab **namens** seiner Regierung eine Erklärung ab.

engl. in the name of, by the name of
russ. от имени
span. en nombre de
arab. باسم
türk. adında, adlı
chin. 以...名义

neben + *D*, + *A* (*Wechselpräposition*) | A1

Synonyme: an, bei, nächst, nahe; außer, abgesehen von, nicht eingeschlossen; im Gegensatz zu, gegenüber, verglichen mit

→ *Dativ (z. B. bei „wo?")*
Maria sitzt im Sprachkurs **neben** Stefan.
Neben ihrer Arbeit muss sie sich auch um die zwei Kinder kümmern.
Neben Tennis interessiert er sich auch für Yoga.
Also, **neben** Jens bist du wirklich ein Engel …

→ *Akkusativ (z. B. bei „wohin?")*
Er setzt sich in der Kantine direkt **neben** mich.
Kannst Du die Vase bitte **neben** den Lautsprecher stellen?

engl. next to, beside; apart from, besides; compared to
russ. возле, у, около, вдоль, в стороне от
span. cerca de, junto a, al lado de; a lo largo de, siguiendo, de lado
arab. بجانب, إلى جانب, جنب;إلى جانب, أيضاً
türk. -in yanında, yakın(lar)ında; -in dışında; boyunca, açısından, uzunluğunca, yönünde, boylamasına, -in yanında
chin. 旁边, 附近; 除...之外

nebst + *D* | B2

Synonyme: (zusammen) mit, samt, einschließlich, inklusive

* gehoben

Der Chef kommt heute Abend **nebst** Gattin und Kindern.
Einfamilienhaus **nebst** Garten und Garage zu verkaufen
ein Zimmer **nebst** Dusche

engl. together with
russ. включая, с
span. incluido, comprendido, con
arab. مع, شاملاً, شاملة, وسيشمل
türk. dahil, içinde, dahil olduğu halde, ile, ile birlikte, birlikte
chin. 一同, 带, 连同

nördlich + *G* | B2

Synonyme: nördlich von, im Norden von, in nördlicher Richtung von

Nördlich der Stadtgrenze erstreckt sich ein großer Park.
Nördlich der Alpen ist das Wetter etwas kälter.
Nördlich des Sees gibt es viele Freizeitanlagen.

engl. (to the) north of
russ. к северу, на север
span. al norte de
arab. شماليَ, الشمال من
türk. -in kuzeyinde
chin. 在...的北面

nordöstlich + *G* | B2

Synonyme: nordöstlich von, im Nordosten von, in nordöstlicher Richtung von

Er wohnt acht Kilometer **nordöstlich** der Hauptstadt.
Dieses Volk siedelt **nordöstlich** der Berge.

engl. (to the) north-east of
russ. на северо-восток от
span. al nordeste de
arab. الشمال الشرقي من
türk. kuzeydoğudaki, kuzeydoğusu, kuzeydoğuda bulunan
chin. 东北方的

nordwestlich + *G* | B2

Synonyme: nordwestlich von, im Nordwesten von, in nordwestlicher Richtung von

Zwei Touristen sind **nordwestlich** der Hauptstadt verschwunden.
Nordwestlich des Sees gibt es nur wenige Bäume.

engl. (to the) north-west of
russ. к северо-западу от
span. al noroeste de
arab. الشمالي الغربي من
türk. kuzeybatıdaki, kuzeybatı, kuzeybatıda olan
chin. 西北方的

XV. Präpositionen O

ob + *G* | C2

Synonyme: in Anbetracht, angesichts, aufgrund, wegen, um ... willen

* gehoben

Wir alle sind besorgt **ob** ihres sonderbaren Benehmens in letzter Zeit.
Der Vorgesetzte war empört **ob** der erneuten Verspätung des Mitarbeiters.
Andersdenkende werden in diesem Land **ob** ihrer Ansichten politisch verfolgt.

engl. on account of, regarding, because of
russ. из-за; ввиду
span. teniendo en cuenta, considerando; a causa de, por, en razón de, a raíz de
arab. في ضوء, على حساب, بسبب
türk. bu durumda, huzurunda, nedeniyle
chin. 面对; 根据, 由于, 为了

oberhalb + *G* | B2

Synonyme: über, ober, höher als

Das Schloss liegt **oberhalb** des Dorfes.
Oberhalb 6.000 Metern lässt sich nur sehr schwer atmen.
Ihre Angebote **oberhalb** dieser Preisgrenze sind für uns leider nicht interessant.
oberhalb des Gefrierpunktes

engl. above
russ. поверх, выше
span. por encima de, más arriba de
arab. فوق
türk. -in yukarısında
chin. 上面

ohne + *A* | A1

Synonyme: bar, frei von, exklusive, außer

Trinkst du den Tee immer **ohne** Zucker?
ohne Mehrwertsteuer
ohne Angst
ohne jedes Talent
nicht **ohne** jemanden leben können
ohne Zucker
ohne Alkohol

engl. without, not counting, excluding
russ. без, не имеющий, лишенный
span. sin; con exclusión de, excluido, no incluido
arab. دون, بدون, من غير
türk. -siz, -meden
chin. 不含, 没有

östlich + *G* | B2

Synonyme: östlich von, im Osten von, in östlicher Richtung von

Östlich der Landesgrenze erstreckt sich eine Tiefebene.
Östlich des großen Sees befindet sich eine malerische Kleinstadt.

engl. (to the) east of
russ. к востоку от
span. al este de
arab. إلى الشرق من
türk. -in doğusunda
chin. 在...东

XVI. Präpositionen P

per + *A* | B1

Synonyme: durch, mittels, mithilfe, mit; pro, für, je

Am liebsten reise ich **per** Bahn.
Sie sind **per** Schiff angereist.
Die Miete für diesen Apparat beträgt 200 € **per** Monat.
Es kostet zwei Euro **per** Stück.
per Gesetz verboten/erlaubt
etwas **per** Post/E-Mail senden
mit jemandem **per** du sein

engl. by, against, per
russ. на, по
span. por, con; por pieza
arab. باستخدام, عن طريق, مع, ب؛ من كل,كلما, لكل قطعة, كلَ
türk. başına; ile, yolula, yardımıyla
chin. 用, 通过; 每件

plus + *A* *(auch + G, + D)* | A1

Synonyme: und, sowie, zuzüglich

Die Wohnungsmiete beträgt 550 Euro **plus** Nebenkosten.
plus Zinsen
plus Mehrwertsteuer

engl. plus, and
russ. не включая, плюс
span. más, además de, no incluido
arab. زائد, و
türk. ve, ile birlikte
chin. 加上, 额外加上

pro + *A* | A1

Synonyme: für, per, je, das Stück zu

Die Übernachtung kostet 50 € *pro* Nacht und Person.
Unsere Putzfrau kommt einmal *pro* Woche zu uns.
pro Stück
pro (gefahrenen/gelaufenen/zurückgelegten) Kilometer
pro Kopf/Person
pro Mitarbeiter

engl. per, a(n), each, apiece
russ. по
span. para, en favor de; a ... (cada uno), por pieza
arab. مِن كلّ, كلّما, لكل قطعة, كلَ
türk. için, beher, başına
chin. 每件

punkto + *G* | B2

Synonyme: bezüglich, hinsichtlich, betreffend, was ... anbelangt, in Sachen, in puncto

* *gehoben; ansonsten schweizerisch und österreichisch*

Punkto Männerkontakte ist sie sehr zurückhaltend.
Punkto Sicherheit ist diese Stadt ideal für Kinder, Senioren und Familien.
punkto Geld
punkto persönlicher Weltanschauung

engl. with regard to, as regards, as far as ... is concerned
russ. относительно, касательно, насчёт
span. respecto a, en cuanto a
arab. فيما يختصّ, بصدد, من ناحية
türk. dair, hakkında, hususunda
chin. 有关的, 关于

XVII. Präpositionen R

rechts + *G* | A2

Synonyme: rechts stehend, zur Rechten, auf der rechten Seite

Das Nationalmuseum befindet sich **rechts** der Hauptstraße.
Rechts des Bahnhofes gibt es noch viele Parkplätze.
Der neue Präsident steht (politisch) eher **rechts** der Mitte.

engl. to the right of, on the right of
russ. направо
span. a la derecha de
arab. على يمين, الجانب الأيمن من
türk. -in sağında
chin. 右

XVIII. Präpositionen S

samt + *D* | A2

Synonyme: mit, mitsamt, zusammen mit, einschließlich, nebst, inklusive

Er verkaufte sein Haus **samt** den ganzen Möbeln.
Das Mädchen riss die Blume **samt** Wurzel aus.
Die Familie flog **samt** den Großeltern in den Urlaub.
Mein Cousin verkaufte sein altes Auto **samt** Zubehör.

engl. along with, together with, including
russ. включая, с
span. incluido, comprendido, con
arab. مع, شاملا, شاملة, وسيشمل
türk. dahil, içinde, dahil olduğu halde, ile, ile birlikte, birlikte
chin. 一同, 带, 连同

seit + *D* | A1

Synonyme: von da an, von dem Augenblick an, von dem Moment an, von dem Zeitpunkt an, ab, von ... an, seitdem

Seit heute wohnt er in München.
Sie lernt schon **seit** einem Jahr Deutsch.
Er befindet sich schon **seit** zwei Jahren in Deutschland.
Seit letztem Sommer habe ich sie nicht mehr gesehen.
Das Gesetz gilt **seit** drei Monaten.
Seit ihrer Scheidung ist meine Nachbarin auf der Suche nach einem neuen Mann.
seit damals
seit diesem Zeitpunkt
seit (über) tausend Jahren
seit dieser Zeit
seit seiner Kindheit
(schon) **seit** langer Zeit

engl. since, for
russ. со времён, с
span. desde, desde hace
arab. منذ, مذ
türk. -den beri, -dir
chin. 从...起

seitab + *G* | C2

Synonyme: an der Seite, auf der Seite, abseits, beiseite, seitlich, seitwärts

* *gehoben*

Seitab der Landstraße befindet sich ein kleines, gemütliches Gasthaus.
Seitab des Wanderweges grasen einige Ziegen.

engl. at the side of, next to, beside
russ. в стороне, сбоку
span. a lo largo de, siguiendo, de lado
arab. بعيدا عن, على جانب
türk. boyunca, açısından, uzunluğunca, yönünde, boylamasına, -in yanında
chin. 旁边

seitens + *G* | B2

Synonyme: vonseiten, von, von ... aus

* *gehoben*

Seitens des einen Geschäftspartners wurde der Vertrag nicht erfüllt.
(Oder: **Seitens** *eines der Geschäftspartner ...)*
Seitens der Behörden gab es keine offizielle Erklärung.
Es gab keinen Widerspruch **seitens** des Angeklagten.
seitens eines unserer Mitarbeiter
seitens Politik und Gesellschaft

engl. on the part of, from
russ. со стороны, от
span. por, de parte de, por (la) parte de
arab. من, من قبل, بموجب
türk. -den, tarafından
chin. 从...方

seitlich + *G* | B2

Synonyme: neben, direkt an, dicht an, nächst, seitwärts

In dem großen Gebäude **seitlich** des Parks wohnt meine beste Freundin.
Seitlich der Kirche gibt es einen kleinen Kiosk.

engl. to the side of, at the side of
russ. в стороне, сбоку
span. a lo largo de, siguiendo, de lado
arab. على جانب, الى جانب
türk. boyunca, açısından, uzunluğunca, yönünde, boylamasına, -in yanında
chin. 旁边; 顺, 沿 (沿海, 沿途, 沿街...)

seitwärts + *G* | C1

Synonyme: seitlich, unweit, neben, seitab

* *gehoben*

Seitwärts der Allee waren schöne, alte Fachwerkhäuser zu bestaunen.
Seitwärts des Flusses spazierten Familien und genossen die sanften, abendlichen Sonnenstrahlen.

engl. at the side of, sideways to
russ. в стороне, сбоку
span. a lo largo de, siguiendo, de lado
arab. على جانب, الى جانب
türk. boyunca, açısından, uzunluğunca, yönünde, boylamasına, -in yanında
chin. 顺, 沿 (沿海, 沿途, 沿街...)

sonder + *A* | C2

Synonyme: ohne

* *gehoben, literarisch*

Es kamen Flüchtlinge **sonder** Zahl. → *ohne Zahl* → *zahlreiche, sehr viele*
Der Einbrecher bewegte sich im Dunkeln geschickt **sonder** jedes Geräusch.
Die Krieger folgten ihrem Anführer **sonder** Zagen in die Schlacht.
sonder jeden Zweifel
sonder Tadel

engl. without
russ. без
span. sin
arab. دون, بدون, من غير, عار (عن), بدون, عاري
türk. -siz, -meden
chin. 不含, 没有

statt + *G* | A2

Synonyme: anstatt, anstelle, ersatzweise, für

Statt eines Buches kaufte ich mir lieber neue Schuhe.
Statt eines Spanischkurses buchte meine Schwester einen Französischkurs.
Statt eines großen Blumenstraußes schenkte er ihr Pralinen und eine Halskette zum Geburtstag.
Könnten Sie das bitte an meiner **statt** erledigen? → *für mich (meiner = Genitiv von „ich"); gehoben*
Meine Lehrerin ist heute krank, darum hat Frau Müller an ihrer **statt** unterrichtet. → *für sie (ihrer = Genitiv von „sie"); gehoben*
statt schöner/bloßer Worte
Taten **statt** schöner Worte
statt des offiziellen Namens

engl. instead of, in place of, in lieu of
russ. взамен, вместо
span. en lugar de, en vez de
arab. بدلا, عوضا
türk. -in yerine
chin. 代替, 不...而

südöstlich + *G* | B2

Synonyme: in Richtung Südosten von (... aus), weiter im Südosten als, südöstlich von

Das kleine Städtchen liegt **südöstlich** Kölns.
Südöstlich der Hauptstadt befindet sich ein großer Freizeitpark.

engl. (to the) southeast of
russ. на северо-восток от
span. al sudeste de
arab. الجنوب الشرقي من
türk. güneydoğu
chin. 东南方的

südwestlich + *G* | B2

Synonyme: in Richtung Südwesten von (... aus), weiter im Südwesten als, südwestlich von

Das alte Messegelände liegt **südwestlich** der Stadt.
Die mittelalterliche Burg befindet sich nur wenige Kilometer **südwestlich** der Hauptstadt.

engl. (to the) southwest of
russ. юго-западный
span. al sudueste de
arab. الجنوب الغربي من
türk. güneybatı
chin. 西南方的

XIX. Präpositionen T

trotz + *G* | B1

Synonyme: trotzdem, obgleich, obwohl, obschon, entgegen, ohne Rücksicht auf, unbeschadet, wenn auch, auch wenn, wenngleich, zum Trotz

Trotz des schlechten Wetters haben wir gute Laune.
Trotz eines schlechten Abiturs bekam der Sohn des Ministers eine gute Arbeitsstelle.
Trotz des Regens ging ich mit meinen Freunden im See schwimmen.
Trotz seiner Erkältung wollte der Sportler unbedingt an dem Wettkampf teilnehmen.
Trotz ihrer Müdigkeit musste die Verkäuferin noch mehrere Stunden arbeiten.

engl. despite, in spite of, in defiance of
russ. несмотря, вопреки
span. a pesar de, pese a; en contra (de), en oposición a
arab. رغم, بالرغم من
türk. -in tersine, -in aksine, -e aykırı, -e zıt olarak
chin. 尽管

XX. Präpositionen U

über + *D*, + *A* (Wechselpräposition) | A1

Synonyme: oberhalb, höher als; mit, mithilfe, via; betreffend, bezüglich, von; bei, mit; mehr als

→ *Dativ (z. B. bei „wo?")*
Über dem Tisch hängt eine Lampe.
Der Kalender befindet sich *über* meinem Bett.
Über der Wiese hängen dichte Nebelschwaden.
Der Schüler denkt lange *über* die Aufgabe nach.

→ *Akkusativ (z. B. bei „wohin?", „wann?")*
Ich hänge den Kalender *über* das Bett.
Die Kinder klettern *über* den Zaun, weil sie vom Nachbarn Äpfel klauen wollen.
Die Sendung wurde *über* mehrere Fernsehsender ausgestrahlt.
Er erzählte begeistert *über* sein Lieblingsbuch.
Ich lese ein Buch *über* Flugzeuge.
Sie sprach *über* ihre berühmte Mutter, eine Sängerin.
Am besten besprechen wir das ganz ruhig *über* ein Glas Wein.
Der Verkäufer beschwert sich *über* den unhöflichen Kunden.
Köln hat *über* eine Million Einwohner.
Diese Sängerin wiegt *über* 100 Kilo.
Cäsar siegte *über* die Gallier.
Übers Wochenende besuchen wir unsere Eltern.
Er fährt *über* die Feiertage zu seiner Tante.

engl. over, across, above, beyond; by, with, per; about, on, regarding; more than
russ. над; через; более
span. sobre, encima de, en, por encima de
arab. فوق؛ عبر؛ فيما يختصَ, بصدد, من ناحية؛ أثناء
türk. -in üzerinde, -in üstünde; -in üzerine, -in üstüne; -den fazla; hakkında, üzerine; sayesinde; sırasında
chin. 在...上方, 在...上; 经过; 在...时期; 通过; 比...更多; 有关的

um + *A* | A1

Synonyme: an, in; an ... vorbei; gegen; bei, in der Nähe; ein/eine nach dem/der anderen, ... für ...

Der Bus kommt **um** 15.03 Uhr.
Der Deutschkurs beginnt **um** halb zehn.
Meine Freundin und ich treffen uns heute Abend **um** 19.00 Uhr.
Meine Frau hat eine teure Goldkette **um** ihren Hals.
Wir saßen **um** den Kamin und erzählten alte Geschichten.
Das Gehalt der faulen Lehrerin wurde **um** 100 € gekürzt.
Deine Hose ist etwas zu lang – du solltest sie **um** ein bis zwei Zentimeter kürzen.
Heute sind die Preise im Buchgeschäft **um** zehn Prozent reduziert!
Die Gegend **um** Köln ist sehr schön.
Wir bauen einen hohen Zaun **um** unseren Garten.
Meine Tochter kümmert sich liebevoll **um** den Hund.
Ich weiß **um** dein düsteres Geheimnis ...
um die Ecke fahren/kommen/gehen
um die Welt reisen/fahren/fliegen/segeln
Tag **um** Tag
Stunde **um** Stunde
Schritt **um** Schritt
Aufgabe **um** Aufgabe
um seine Liebe kämpfen
die Sorge **um**
das Wissen **um**
um ein Hindernis herumfahren

engl. at, about, by; around, round; ... by ... , ... after ...
russ. вокруг; в; около
span. alrededor de; a, a eso de, a las ...; por
arab. في الساعة, لغرض, لغاية؛ فيما يختصّ, بصدد, من ناحية
türk. -in etrafında; -in etrafına; saat ...-te
chin. 在...前后; 围绕着

um ... willen + *G* | C1

Synonyme: für, zuliebe, wegen, aus Rücksicht auf, zum Vorteil (von)

Um seines kranken Bruders **willen** ist unser Chef heute zu Hause geblieben.
Geld interessiert ihn nicht. Er macht es nur **um** seiner Ideale **willen**.
Diese Künstlerin widmet sich der Kunst allein **um** der Kunst **willen**.
Die Fußballmannschaft kämpft weder für Ruhm noch für Geld, sondern nur **um** des Sieges **willen**.
um des (lieben) Friedens **willen**
um der Wahrheit **willen**
Um deiner Familie **willen** – sei bitte vernünftig!
Um Himmels **willen**!
Um Gottes **willen**!

engl. for the sake of, in order to, to
russ. с целью, в целях, для
span. para, en favor de
arab. أجل, لمصلحة, لغرض, من أجله
türk. için, -in hatırı için
chin. 为, 好, 为了, 为了某人

unbeschadet + *G* | C2

Synonyme: trotz, obwohl, ohne Rücksicht auf, ungeachtet, ohne Nachteil für

* *gehoben*

Unbeschadet ihres jungen Alters erwies sich die neue Kollegin als sehr kompetent und souverän.
Unbeschadet seiner großen Verdienste für unsere Firma hat das Management Herrn Müller nach dem Vorfall gekündigt.
unbeschadet der strengen Bestimmungen
unbeschadet aller Rückschläge/Hindernisse
unbeschadet der Tatsache, dass ...

engl. irrespective of, regardless of, although, without affecting, without prejudice to
russ. несмотря на
span. a pesar de, pese a; en contra (de), en oposición a
arab. بغض النظر عن, مع ذلك, بصرف النظر, بصرف النظر عن
türk. -in tersine, -in aksine, -e aykırı, -e zıt olarak
chin. 尽管

unerachtet + *G* | C2

Synonyme: trotz, obwohl, zum Trotze, ungeachtet, obwohl, unbeschadet, wider, obschon

* *gehoben*

Einiger kleiner Mängel **unerachtet** ist der Auftrag insgesamt sehr gut ausgeführt worden.
Unerachtet aller kritischer Stimmen hatte man ihn zum neuen Kanzler gewählt.
Unerachtet ihrer Erfolge wurde die Politikerin nicht wiedergewählt.

engl. despite, in spite of
russ. несмотря на
span. a pesar de, pese a; en contra (de), en oposición a
arab. بغض النظر عن, على الرغم من, مع ذلك, بصرف النظر عن
türk. -in tersine, -in aksine, -e aykırı, -e zıt olarak
chin. 尽管

unfern + *G* | C1

Synonyme: unweit, nicht weit von, nahe, in der Nähe (von), räumlich nahe, bei

* *gehoben*

Das historische Rathaus befindet sich **unfern** des Marktplatzes.
Unfern der kleinen Stadt gibt es einen Campingplatz.

engl. not far from
russ. возле, у, около
span. cerca de, junto a
arab. بالقرب (من), دليل الأماكن, بجانب
türk. -in yakınında
chin. 旁边, 附近

ungeachtet + *G* | C1

Synonyme: trotz, ohne Rücksicht auf, obwohl, entgegen, unbeschadet, unerachtet

* *gehoben*

Ungeachtet der Warnungen begab er sich ganz allein in die Tiefen des Dschungels.
Ungeachtet dessen, dass es schneite, fuhr sie mit dem Rad zur Arbeit.
Ungeachtet meiner schriftlichen Aufforderung haben Sie zu dem Problem immer noch nicht Stellung genommen.
ungeachtet aller Mahnungen
ungeachtet aller Kritik
ungeachtet der Tatsache, dass ...

engl. despite, in spite of, notwithstanding, regardless
russ. несмотря на
span. a pesar de, pese a; en contra (de), en oposición a
arab. بغض النظر عن، على الرغم من، مع ذلك، بصرف النظر، بصرف النظر عن
türk. -in tersine, -in aksine, -e aykırı, -e zıt olarak
chin. 尽管

ungerechnet + *G* | C2

Synonyme: nicht mitgerechnet, abgesehen von, nicht berücksichtigt, ohne

Ungerechnet der zahlreichen Provisionen, Prämien und Spesen verdient er rund 5.000 € monatlich.
Ungerechnet der Dekorationselemente ist der Spiegel etwa einen Meter breit.
ungerechnet aller Nebenkosten
ungerechnet der Zusatzkosten

engl. not taking into account, exclusive of, not counting
russ. без
span. sin contar, no incluido
arab. ما عدا، دون، بدون
türk. hariç, dışında, -den ayrı, -siz
chin. 不含

unter + D, + A *(Wechselpräposition)* | **A1**

Synonyme: unterhalb, tiefer, weiter unten; im Verlauf, während; zwischen, bei, im Kreise, inmitten (von)

→ *Dativ (z. B. bei „wo?", „wann?")*
Die Kinder saßen im Schatten **unter** einem Baum.
Die Maus ist **unter** dem Tisch.
Unter meinen Freunden gibt es auch zwei Portugiesen.
Der neue Professor ist erst **unter** vierzig.
Unter der Woche hat er leider keine Zeit, sich mit seinen Hobbys zu beschäftigen.
Dein Verhalten ist **unter** aller Sau!
unter der Woche
unter vier Augen mit ... sprechen
unter aller Sau
unter Tage
unter anderem
unter Umständen
unter freiem Himmel
unter meinem Niveau
unter Ausschluss der Öffentlichkeit stattfinden
unter der Leitung (von)

→ *Akkusativ (z. B. bei „wohin?")*
Nach dem Sport stelle ich mich immer **unter** die Dusche.
Wir legten den neuen Teppich **unter** den Wohnzimmertisch.
Der Spion mischte sich unauffällig **unter** die ahnungslosen Gäste.

engl. under, underneath, below; among
russ. под; среди
span. bajo, debajo de, por debajo de; entre
arab. تحت, أسفل؛ بين؛ في أثناء
türk. -in altında, -in aşağısında, -inaşağısına; -in arasında
chin. 在...下面; 从下面来; 低于; 在...之间

unterhalb + *G* | B2

Synonyme: tiefer als, unter

Das Unglück ereignete sich tief **unterhalb** der Erdoberfläche.
Die Kleinstadt liegt **unterhalb** der mittelalterlichen Burg.
unterhalb der Gürtellinie
unterhalb der Armutsgrenze leben

engl. below, downstream from
russ. под
span. por debajo de
arab. أسفل, تحت
türk. -in altında, -in aşağısında, -inaşağısına
chin. 在...下面

unweit + *G* | B2

Synonyme: unfern, nicht weit von, neben, in der Nähe, nächst, nahe, bei

Unweit des Parkhauses ist eine gute Autowerkstatt.
Maria wohnt **unweit** der Grundschule.
Unweit des Sees gibt es ein italienisches Restaurant.

engl. not far from
russ. возле, у, около, недалеко
span. cerca de, junto a
arab. بالقرب (من), دليل الأماكن, بجانب
türk. -in yakınında
chin. 旁边, 附近

XXI. Präpositionen V

vermittels(t) + *G* | C2

Synonyme: durch, von, mittels, mithilfe, dank, mit

* *gehoben*

Vermittels eines Spezialwerkzeugs öffnete der Einbrecher die Wohnungstür.
Das Unternehmen suchte **vermittels** einer Zeitungsannonce eine neue Sekretärin.

engl. by means of, by, with
russ. с, с помощью, при помощи
span. por medio de, mediante, con
arab. بقوة, بموجب, بناء على
türk. ile, vasıtasıyla, yardımıyla
chin. 根据, 借助, 在...的协助下

vermöge + *G* | C2

Synonyme: mittels, anhand, durch, mithilfe, mit, unter Zuhilfenahme (von)

* *gehoben, literarisch*

Vermöge seines Einflusses auf den Innenminister entkam er einer Strafe.
Vermöge seiner guten Beziehungen konnte er seinem Sohn eine Spitzenstelle als Manager vermitteln.
vermöge seines Geldes/Reichtums

engl. by dint of, by virtue of, owing to
russ. с, с помощью, при помощи
span. por medio de, mediante, con
arab. بقوة, بموجب, بناء على
türk. ile, vasıtasıyla, yardımıyla
chin. 根据, 借助, 在...的协助下

versus + *A* | C1

Synonyme: gegen, gegenüber

* *gehoben*

Der Kampf Gut ***versus*** Böse ist so alt wie die Menschheit selbst.
Astronomie ***versus*** Astrologie
Sicherheit ***versus*** Freiheit

engl. versus, against
russ. против
span. contra
arab. مقابل, ضد
türk. -in aksine, ile karşılaştırıldığında
chin. 违反, 朝

via + *A* | B1

Synonyme: über, an ... vorbei, mit Zwischenstopp in ..., durch; mittels, mit, mithilfe

Sie fuhr von Köln ***via*** Bonn nach Frankfurt.
via Internet
via E-Mail
via Kreditkarte/Bankkarte/Scheck zahlen

engl. via, by
russ. через
span. por, vía, con
arab. باستخدام, عن طريق, مع, ب
türk. yoluyla, yolu ile, ile, yardımıyla
chin. 途经

vis-à-vis + *D* | B1

Synonyme: gegenüber

Vis-à-vis der Bank steht eine große, alte Eiche.
Seine Familie wohnt gleich ***vis-à-vis*** der Apotheke.

engl. opposite, vis-à-vis
russ. визави
span. en frente de, en frente a
arab. إزاء, تجاه, مقابل, وجها لوجه
türk. -in karşısında, yüz yüze, karşı karşıya
chin. 对面, 面对面

voll + *G* | B1

Synonyme: voller, durchdrungen, bedeckt, erfüllt (von), gefüllt (mit)

* *eher umgangssprachlich*

Die Polizei fand ein Auto **voll** illegaler Waffen.
voll des Glücks
voll Entsetzen

engl. full of
russ. полон, в полном
span. lleno de
arab. ملىء ب, مليئ ب, مليئة, مع الكثير
türk. kaplı, tam, dolu
chin. 满腔, 洋洋, 饱满

voller + *G/N/D/A* | B1

Synonyme: voll (mit/von), durchdrungen, bedeckt, erfüllt (von), gefüllt (mit)

Sie brachte einen Korb **voller** roter Äpfel.
Das neue Hemd ist **voller** Flecken.
Ihre Augen blickten mich **voller** Zärtlichkeit an.
voller Vorfreude
voller Zufriedenheit
voller Widersprüche sein
voller Entsetzen
voller Liebe
voller Hass
voller Spannung

engl. full of, filled with, covered by
russ. полон, в полном
span. lleno de
arab. ملىء ب, مليئ ب, مليئة, مع الكثير
türk. kaplı, tam, dolu
chin. 满腔, 洋洋, 饱满

von + *D* | A1
Synonyme: aus; seitens; aufgrund, durch

Dieser leckere Kuchen ist *von* meiner Mutter.
Gestern bekam ich eine Mail *von* meinem Kollegen.
Erzähl mir mehr *von* deiner Heimat.
Von Dienstag bis Freitag ist die Apotheke wegen Reparaturen geschlossen.
Er arbeitet täglich *von* zehn bis achtzehn Uhr.
Einer *von* diesen Männern hat das Verbrechen begangen.
Die Hausaufgabe ist *von* dem Schüler schon erledigt worden.
Das Auto wird *von* mir gewaschen.
Das Mädchen wird *von* seinen Mitschülern geärgert.
von mir aus
von Zeit zu Zeit
von heute an
der König *von* ...
der Präsident *von* ...

engl. from; by; of
russ. от
span. de, desde; por
arab. من؛ من قبل؛ عن
türk. -den, -dan; -in tarafından
chin. 从; 被, 让

vonseiten + *G* | C1
Synonyme: von, seitens

Vonseiten der Geschäftsleitung gab es positives Feedback.
Vonseiten des Pressesprechers hieß es, die Firma wolle die volle Verantwortung für den Unfall übernehmen.

engl. on the part of, at the hands of
russ. со стороны, от
span. de parte de, por (la) parte de
arab. من, من قبل, بموجب
türk. -den, -in tarafından
chin. 从...方

vor + D, + A *(Wechselpräposition)* | A1

Synonyme: erst, vorher, zuerst; an, neben, bei

→ ***Dativ*** *(z. B. bei „wo?", „wann?")*
Vor zwei Wochen hat mich mein bester Freund besucht.
Sie hat ***vor*** einem Jahr ihr Studium abgeschlossen.
Vor dem Restaurant steht ein großer Baum.
Vor zwei Tagen erhielt ich einen interessanten Brief.
Sie strahlt ***vor*** Freude.
Sie schreien ***vor*** Wut.
Der kleine Junge zittert ***vor*** Kälte.
vor Freude strahlen
vor Schmerz
vor Glück
vor Angst zittern
vor Neugier platzen
vor Schmerz schreien
starr vor Schreck
vor Schmerz(en) stöhnen
vor Lust stöhnen
vor Wollust stöhnen
vor Wut stöhnen
vor Ehrfurcht erzittern/erstarren

→ ***Akkusativ*** *(z. B. bei „wohin?")*
Sie stellte die Vase ***vor*** das Fenster.
Ich lege Bleistift ***vor*** die Schreibtischlampe.
Er fährt sein Auto ***vor*** die Garage.

engl. in front of, outside; before, ahead of, ago; in the eyes of
russ. перед; при
span. delante de; antes de, ante
arab. أمام, قدام; قبل
türk. -in önünde, -in dışında -in ilerisinde; -den önce; -den, -den dolayı
chin. 到...前面; 在...前面; 在...之前

vorbehaltlich + *G* | C1

Synonyme: unter dem Vorbehalt, für den Fall, im Fall(e), vorausgesetzt (..., dass ...)

Die Angaben sind ohne Gewähr und **vorbehaltlich** späterer Änderungen.

Der Gewinn **vorbehaltlich** einiger Abzüge wird innerhalb der nächsten Tage auf Ihr Konto überwiesen werden.

engl. subject to, unless otherwise provided
russ. при условии
span. salvo, a reserva de
arab. مع مراعاة, مع التحفظ, بشرط, على افتراض أن
türk. -mesi kaydıyla
chin. 在...条件下

XXII. Präpositionen W

während + *G* | A2

Synonyme: dazwischen, in der Zwischenzeit, in der Zeit, bei, in, als, indessen

Während der Ferien spielte das Mädchen oft mit seiner Schwester.
Während des langweiligen Vortrags schliefen manche Studenten ein.
Während der Konferenz machte sich der Angestellte viele Notizen.

engl. during, while
russ. в течение
span. durante, en, dentro de
arab. خلال, في أثناء, في أثناء ذلك
türk. içinde, esnasında, sırasında
chin. 在...期间

wegen + *G* | A1

Synonyme: aufgrund, weil, denn, anlässlich, deshalb; in Hinsicht auf, bezüglich, was ... anbelangt

Wegen des schlechten Wetters fällt der Ausflug leider aus.
Nur **deinetwegen** habe ich mich verspätet! → *du + wegen*
Wegen ihrer Verletzung konnte die Basketballerin gestern nicht am Spiel teilnehmen.
Wegen eurer ständigen Lügnerei befinden wir uns in gewaltigen Schwierigkeiten.
Wir sollten uns nochmal **wegen** der eventuellen Gehaltserhöhung unterhalten.
meinet**wegen**/deinet**wegen**/seinet**wegen**/ihret**wegen**/seinet**wegen**/unseret**wegen**/euret**wegen**/ihret**wegen**/Ihret**wegen**
von Amts **wegen**
von Staats **wegen**

engl. because of, because, on account of, due to; regarding
russ. из-за, на основе, на основании, исходя из
span. a causa de, por, en razón de, a raíz de; con ocasión de, con motivo de
arab. بسبب, بناء على
türk. nedeniyle, dolayısıyla, -e binaen, çünkü
chin. 根据, 由于, 为了

weitab + *G* | B2

Synonyme: fern (von), weit (von), entfernt (von), fernab, außerhalb

Das Gymnasium befindet sich **weitab** des Stadtzentrums.
Die einsame Waldhütte steht **weitab** jeglicher Zivilisation.

engl. far away from
russ. далеко
span. en la lejanía, muy lejos de
arab. بعيدة عن, بعيدا عن, بعيد جدً
türk. -den çok uzakta, -den çok uzak
chin. 遥远, 远的

westlich + *G* | B2

Synonyme: westlich von, im Westen von, in westlicher Richtung von

Westlich des Gebirges liegt die ehemalige Hauptstadt des Landes.
Westlich des Sees werden neue Einfamilienhäuser gebaut.

engl. (to the) west of
russ. к западу от
span. al oeste de
arab. إلى الغرب من
türk. batısında
chin. 往西

wider + *A* | B2

Synonyme: gegen, contra, entgegen, im Widerspruch zu, zuwider

Also, dein Vorschlag ist wirklich **wider** jede Vernunft!
Solch eine „Ehe" ist **wider** die Natur.
Wider alle Prognosen war es doch ein schöner, sonniger Tag.
Das ist **wider** die Abmachung …!
wider besseres Wissen
wider die Gesetze handeln
wider Erwarten
wider jemanden Anklage erheben
wider die/seine/jemandes Prinzipien handeln

engl. against, contrary to
russ. против
span. contra, en contra (de), en oposición a
arab. ضد, مقابل, بالمقارنة
türk. -in tersine, -in aksine, -e aykırı, -e zıt olarak
chin. 反对, 违背

willen + *G* | B2 → *siehe um … willen*

XXIII. Präpositionen Z

zeit + *G* | C1

Synonyme: mein/dein/sein etc. Leben lang, während meines/deines/seines etc. ganzen Lebens

Sie war **zeit** ihres Lebens eine fleißige Frau gewesen.
Er war **zeit** seines Lebens ein mittelloser Mann.
Zeit ihres Lebens wollte sie an die Niagarafälle reisen.
Zeit ihres Lebens träumte sie von einem eigenen Haus.

engl. in my, your, his etc. lifetime
russ. (за) всю мою жизнь, пока я живу
span. durante toda la/su vida
arab. ما دمت حيًا, مدى حياتي, خلال حياتنا
türk. yaşam boyu, tüm bir hayat boyu, bir ömür boyunca
chin. 生平, 终身, 平生

zu + *D* | A1

Synonyme: an (heran), bis, nach, in die Nähe von, gen; bei; auf, pro, je; wegen, anlässlich, während

Mein Cousin fährt am Wochenende **zu** seinen Freunden.
Dein Nachbar ist im Moment nicht **zu** Hause.
Sollen wir morgen **zu** unseren Eltern fahren?
Der Kranke ging gestern **zum** Arzt.
Ich möchte Ihnen gerne etwas **zu** diesem Thema erzählen.
Möchten Sie sich **zu** dieser Angelegenheit äußern?
Zum Glück hat es gestern nicht geregnet.
Zu unserer großen Überraschung war die Chefin dieses Mal zufrieden.
Nun, **zu** meiner Zeit war das noch ganz anders.
Zu meiner Schande muss ich gestehen, das Buch noch nicht gelesen zu haben.
Das werde ich **zu** gegebener Zeit erledigen.
Er wurde in einem großen Festakt **zum** König gekrönt.

zu Bett gehen
zu Mittag essen
zu Boden stürzen
zu einer Party gehen
jemanden **zu** sich bitten
sich **zu** Tisch setzen
zu Anfang des Monats
zu Ostern/Weihnachten/Karneval verreisen

engl. to; by, at
russ. к, до, в; с целью, в целях, для; по
span. a, hasta, hacia; con ocasión de, con motivo de; a ... (cada uno), por pieza
arab. إلى, باتجاه, إلى هناك؛ فيما يختَص, بصدد, من ناحية؛ أثناء, بمناسبة
türk. -e, -e yönünde; -meye, -mek için; -de; dolayısıyla
chin. 向, 朝; 每件; 为, 好, 为了

zufolge + *D* | B1

Synonyme: laut, nach, gemäß, wie ... mitteilt, wie ... berichtet

Meiner Tante **zufolge** war früher alles besser.
Dem Zeugen **zufolge** hat der Autofahrer keine Schuld an dem Unfall.
Den Medienberichten **zufolge** ist der Täter ein Ausländer.
Dem Präsidenten **zufolge** benötigen wir eine Wirtschaftsreform.
Dem Wetterbericht **zufolge** ist morgen mit sonnigem Wetter zu rechnen.

engl. according to
russ. по данным, как об этом свидетельствует
span. según, de acuerdo con; como se muestra en, como aparece en, según
arab. طبق, حسب, بموجب
türk. -e göre, -e nazaran
chin. 按照, 根据

zugunsten + *G* | B2

Synonyme: zum Vorteil, für, zuliebe

Das Gericht hat **zugunsten** des Angeklagten entschieden.
Der Manager entschied sich **zugunsten** seiner Familie gegen die lange Geschäftsreise.
Mir **zugunsten** verzichtete meine Schwester auf das Basketballspiel.
Man sammelte Spenden **zugunsten** der Erdbebenopfer.

engl. to the advantage of, for the benefit of, in favour of
russ. в пользу
span. para, en favor de
arab. لصالح, لـ, لفائدة, لحساب
türk. -i için, -e, -in hatırı için
chin. 有利于, 为, 好, 为了, 为了某人

zuhanden + G *(auch: zuhanden von + D)* | C1

Synonyme: zu Händen, an, an … persönlich, für, für … persönlich; gegenüber

* *schweizerisch*

an die Personalabteilung, **zuhanden** Herrn Müller
an
zuhanden von Frau Wagner
zuhanden des Firmenvorstands
Sie wehrte sich **zuhanden** des Gremiums gegen die Vorwürfe.

engl. to the attention of, to hand; to, toward
russ. для, в (собственные) руки, лично; против
span. en sus manos, a la atención de
arab. يصل ليد, لـ
türk. kendisine, eline, -i için, -e
chin. 转交, 转交某人收, 转交某人收; 面对

zu Händen + G *(auch: zu Händen von + D)* | C1

Synonyme: zuhanden, an, an … persönlich, für, für … persönlich; gegenüber

an die Personalabteilung, **zu Händen** Herrn Schneider
zu Händen von Frau Weber
zu Händen des Firmenvorstands
Sie wehrte sich **zu Händen** der Mitarbeiterversammlung gegen die Vorwürfe.

engl. to the attention of, to hand; to, toward
russ. для, в (собственные) руки, лично; против
span. en sus manos, a la atención de
arab. يصل ليد, لـ
türk. kendisine, eline, -i için, -e
chin. 转交, 转交某人收, 转交某人收; 面对

zulasten + *G* | B2

Synonyme: zum Schaden (von), zum Nachteil (von), auf jemandes Rechnung, ist von ... zu zahlen, auf Kosten

Die Versandkosten gehen ***zulasten*** des Kunden.
Der Stress geht ***zulasten*** Ihrer Gesundheit.
Das neue Kraftwerk geht ***zulasten*** der Umwelt.

engl. at the expense of, at the cost of, to the disadvantage of
russ. за счёт
span. con cargo a, ir a cargo/a cuenta de alguien
arab. على نفقة
türk. tarafından ödenmek üzere, -in hesabına, zararına
chin. 损害...的利益, 以...为代价, 用...的费用

zuliebe + *D* | B2

Synonyme: für, wegen, mit Rücksicht auf, um ... willen, halber

Dir ***zuliebe*** komme ich heute früher von der Arbeit nach Hause.
Tu es doch mir ***zuliebe***!
Er hat seinen Kindern ***zuliebe*** auf die Karriere verzichtet.
der Wahrheit ***zuliebe***

engl. for the sake of, (only) to please someone, for, to the advantage of
russ. в угоду кому, ради кого, для
span. para, en favor de
arab. من أجل, إكراماً لي, أجل, لمصلحة, لغرض
türk. -i için, -e, -in hatırı için
chin. 为, 好, 为了, 为了某人

zuungunsten + *G* | B2

Synonyme: zum Schaden (von), zum Nachteil (von), auf Kosten (von), zulasten

Das Urteil des Gerichts fiel **zuungunsten** des Angeklagten aus.

engl. to the disadvantage of
russ. не в пользу
span. en perjuicio de
arab. على حساب, ليس لصالح, لصالح
türk. tarafından ödenmek üzere, -in hesabına, zararına
chin. 损害…的利益, 以…为代价, 用…的费用

zuwider + *G* | B2

Synonyme: gegen, wider, ungeachtet, entgegen

Ihren Erwartungen **zuwider** ist so entschieden worden.
Den Anweisungen des Arztes **zuwider** hat sie wieder Wein getrunken.
allen Gepflogenheiten **zuwider**
dem Vertrag/der Abmachung **zuwider**

engl. contrary to, against, contradictory to, opposing to
russ. против, наперекор, вопреки
span. contrario, en forma contraria a, se opone a, atentar contra
arab. ضد, تتعارض مع
türk. -in tersine, -in aksine, -e aykırı, -e zıt olarak
chin. 反对, 违背

zuzüglich + *G* | B2

Synonyme: plus, und, sowie, hinzukommend

Die Bestellung kostet 23,99 Euro **zuzüglich** der Versandkosten.
Die Wohnungsmiete beläuft sich auf 400 Euro **zuzüglich** der Heiz- und Wasserkosten.

engl. plus
russ. плюс, с прибавлением, включая
span. más …, no incluido …, a lo que se suma
arab. مضاف إليه, مع احتساب
türk. eklenmesiyle, ilaveten
chin. 加上, 额外加上

zwecks + *G* | B2

Synonyme: um ... zu ..., für, zuliebe

Zwecks abschließender Beurteilung ist ein persönliches Erscheinen dringend notwendig.
Die Abfälle werden **zwecks** fachgerechter Wiederverwertung gesammelt.

engl. for (the purpose of), with a view to, in order to
russ. в целях, с целью, для
span. para, con el fin de
arab. لغرض, لغاية, من أجل
türk. maksadıyla, amacıyla, -i için
chin. 为, 好, 为了

zwischen + *D*, + *A* (Wechselpräposition) | A1

Synonyme: in der Mitte von, <u>bei</u>, <u>unter</u>, mitten (von), <u>inmitten</u> (von), <u>innerhalb</u>, eingekeilt (von)

→ *Dativ* (z. B. bei „wo?", „wann?")
Unser Haus befindet sich **zwischen** zwei kleinen Geschäften.
Zwischen acht und neun Uhr ist das Büro nicht besetzt.
Sie musste sich endlich **zwischen** den zwei Männern entscheiden.
die Freundschaft **zwischen** zwei Menschen
eine rege Diskussion **zwischen** den Kursteilnehmern

→ *Akkusativ* (z. B. bei „wohin?")
Ich stelle den Tisch **zwischen** den Fernseher und den großen Schrank.
Du setzt dich **zwischen** deinen Vater und deinen Bruder.

engl. between, among, right in the middle of, right into the middle of
russ. между, среди
span. entre, en medio de
arab. بين; الفترة
türk. arasına, aralarına; arasında, aralarında
chin. 在...之间; 在...中间

XXIV. Verben mit festen Präpositionen

abbeißen von + Dat	Darf ich **von** deinem Apfel **abbeißen**? Sie hat ein Stück **von** seiner **Currywurst abgebissen.**
abbringen von + Dat	Wie kann ich dich nur **von** dieser dummen Idee **abbringen** …?
abbuchen von + Dat	Der Betrag wird automatisch **von** Ihrem Bankkonto **abgebucht.**
sich abhalten lassen von + Dat	Ich **lasse mich** nicht **von** meinem Plan **abhalten**! Leider **lässt** sie **sich** weder durch Argumente noch durch Bitten **von** ihrem waghalsigen Vorhaben **abhalten.**
abhängen von + Dat	Ob wir morgen schwimmen können, (das) **hängt vom** Wetter **ab.** Seine Karriere **hängt von** dieser wichtigen Prüfung **ab.**
absehen von + Dat	Dieses Mal **sehen** wir noch **von** einer Strafe **ab**. **Sehen** Sie bitte **von** diesem Unsinn **ab.**
achten auf + Akk	Du musst besser **auf** die Verkehrsschilder **achten.** **Achtet auf** eure Gesundheit!
ändern an + Dat	Du bist perfekt, so, wie du bist, mein Schatz – ich würde wirklich nichts **an** dir **ändern!** Der Mitarbeiter sollte etwas **an** seinem Benehmen **ändern.**
anfangen mit + Dat	Um neun Uhr **fangen** wir **mit** der Arbeit **an.** Leider weiß das Mädchen nichts **mit** seiner vielen freien Zeit **anzufangen.**
sich ängstigen um + Akk	Der Vater **ängstigt sich um** seine Tochter.
sich ängstigen vor + Dat	Wir **ängstigen uns vor** der ungewissen Zukunft.

Anklage *erheben* gegen + Akk	Man **erhob Anklage gegen** ihn.
ankommen auf + Akk	Bei unserem neuen Projekt **kommt** es **auf** die gute Zusammenarbeit aller Kollegen **an**.
sich anpassen an + Akk	Er konnte sich schnell **an** die neue Umgebung **anpassen**.
anspielen auf + Akk	Wor**auf** möchten Sie mit dieser Bemerkung **anspielen**?
antworten auf + Akk	Könnten Sie bitte endlich **auf** meine Frage **antworten**? Sie hat noch nicht **auf** den wichtigen Brief **geantwortet**.
appellieren an + Akk	Der Präsident **appelliert an** sein Volk, mit den Flüchtlingen solidarisch zu sein.
arbeiten an + Dat	Die beiden **arbeiten** gerade **an** einem neuen Projekt.
sich ärgern über + Akk	Wir **ärgern uns über** den verspäteten Flug.
auffordern zu + Dat	Er **fordert** uns **zur** Mitarbeit **auf**.
aufheulen vor + Dat	Sie **heulte vor** Schmerz **auf**. Der getroffene Feind **heulte vor** Wut **auf**.
aufhören mit + Dat	**Hört** endlich **mit** dem Lärm **auf**! Wann **hört** der Lehrer endlich **mit** seinem langweiligen Vortrag **auf**?
(*jemandes*) Aufmerksamkeit *lenken* auf + Akk	Ich möchte gerne eure **Aufmerksamkeit auf** dieses interessante Detail **lenken**.
aufmerksam *machen* auf + Akk	Der Verkäufer **machte** uns **auf** ein interessantes Sonderangebot **aufmerksam**.
aufpassen auf + Akk	Gegen ein geringes Taschengeld **passt** die Schülerin am Nachmittag **auf** die Kinder ihrer Nachbarn **auf**.
ausgehen von + Dat	Wir müssen leider **von** einem Diebstahl **ausgehen**.

aussehen nach + Dat	Schau mal aus dem Fenster – es **sieht nach** Regen **aus**. Oh, wie laut die sich streiten! – Das **sieht nach** einer Schlägerei **aus**.
sich aussprechen für + Akk	Sie **sprechen sich für** die Beibehaltung der bisherigen Regeln **aus**.
sich aussprechen gegen + Akk	Der Politiker **spricht sich gegen** die Erhebung von Studiengebühren **aus**.
basieren auf + Dat	Der Zeitungsartikel **basiert auf** einer fundierten Recherche. Seine Meinung **basiert auf** jahrelanger Erfahrung. Der romantische Film **basiert auf** einer wahren Geschichte.
bauen auf + Akk	Er ist sehr hilfsbereit und zuverlässig – du kannst in jeder Situation **auf** ihn **bauen**.
beben vor + Dat	Ihre Stimme **bebte vor** Erregung. Er **bebte vor** Wut. Sie **bebte** am ganzen Körper **vor** Empörung.
sich bedanken bei + Dat	Hast du **dich** schon **bei** deinen Eltern für ihre Unterstützung **bedankt**?
sich bedanken für + Akk	Ich möchte **mich** ganz herzlich **für** die schönen Blumen **bedanken**.
sich befassen mit + Dat	**Mit** diesen langweiligen Dingen möchte ich **mich** jetzt nicht **befassen**.
befreien von + Dat	Sie **befreite sich von** allen gesellschaftlichen Zwängen und wanderte als Hippie in einem Wohnwagen ins ferne Ausland aus.
sich befreien aus + Dat	Schließlich konnten sie **sich aus** ihrer misslichen Lage **befreien**.
beginnen mit + Dat	Wann **beginnen** wir **mit** der Arbeit?
beglückwünschen zu + Dat	Sie **beglückwünschten** ihn **zu** seiner neuen Arbeitsstelle.
sich ein Beispiel nehmen an + Dat	Nimm dir ein **Beispiel an** deiner älteren Schwester!

sich bekleckern mit + Dat	Mit seiner bescheidenen Leistung **bekleckerte** er **sich** nicht gerade **mit** Ruhm.
sich bemühen um + Akk	Du solltest **dich** endlich **um** eine neue Arbeit **bemühen**. Sie **bemüht sich um** ein gutes Verhältnis zu den neuen Kollegen.
benutzen für + Akk/ zu + Dat	Meine Cousine **benutzt zum** Deutschlernen ein Wörterbuch. Wir **benutzen** den freien Tag **für** einen kleinen Ausflug.
bersten vor + Dat	Wenn Markus' Vater diese komischen Grimassen macht, **birst** Markus immer **vor** Lachen. Er **barst vor** Zorn.
berichten über + Akk	Die Tageszeitung **berichtet** wieder **über** die Weltmeisterschaft.
beruhen auf + Dat	**Beruht** diese Geschichte wirklich **auf** Tatsachen? Der moderne Hollywood-Film **beruht auf** einer alten Legende. Dieser Kinofilm **beruht auf** einer wahren Geschichte.
sich beschäftigen mit + Dat	Der Professor **beschäftigt sich mit** den ägyptischen Pyramiden.
sich beschränken auf + Akk	Ich möchte **mich** bei meinem Kurzvortrag **auf** das Wesentliche **beschränken**.
beschützen vor + Dat	Eltern wollen ihre Kinder **vor** allen Gefahren **beschützen**.
sich beschweren bei + Dat	Der unzufriedene Kunde **beschwert sich bei** der Verkäuferin.
sich beschweren über + Akk	Die Nachbarn **beschweren sich** bei den Studenten **über** den Lärm.
bestehen auf + Dat	Ich **bestehe auf** meinem Recht!
bestehen aus + Dat	Diese köstliche Suppe **besteht aus** vielen Zutaten.
bestehen in + Dat	Herrn Müllers Arbeit **besteht** hauptsächlich **im** Führen von Telefonaten und Schreiben von E-Mails.

beten zu + Dat	Er **betet** fünfmal täglich **zu** Gott. Wenn sie Sorgen hat, **betet** sie **zu** Gott.
sich beteiligen an + Dat	Der General **hat sich an** zahlreichen Kriegsverbrechen **beteiligt**.
sich beziehen auf + Akk	Ich **beziehe mich** dabei explizit **auf** die Beispiele, die mein Vorredner angeführt hat.
bitten um + Akk	Ich möchte Sie noch **um** ein wenig Geduld **bitten**. Der Sohn **bat** seinen Vater **um** mehr Taschengeld.
bleiben bei + Dat	**Bleibst** du weiter **bei** deiner Meinung? Ich komme heute nicht nach Hause; ich **bleibe bei** meiner Schwester.
brauchen zu + Dat	Was **brauchst** du alles **zum** Kochen der Suppe?
dahinschmelzen vor +Dat	**Vor** Liebe **schmolz** sie ganz **dahin**. Er **schmolz dahin vor** diesem fantastischen Anblick.
danken für + Akk	Wir **danken** euch ganz herzlich **für** eure Hilfe. Ich **danke** Ihnen **für** Ihr Entgegenkommen.
davonlaufen vor + Dat	Warum **läufst** du **vor** diesem Gespräch **davon**? Herr Müller **läuft vor** schweren Aufgaben immer **davon**.
debattieren über + Akk	Sie **debattierten** noch die ganze Nacht **über** diese Frage.
denken an + Akk	Ich **denke** oft **an** dich. **Denkst** du auch **an** mich? Er **denkt** oft **an** seine Heimat.
dienen zu + Dat	**Zu** welchem Zweck **dient** dieser Apparat?
diskutieren über + Akk	**Diskutiert** ihr schon wieder **über** das Fußballspiel?
sich distanzieren von + Dat	Der Angestellte **distanziert sich von** der neuen Werbung seiner Firma.
sich drücken vor + Dat	Er **drückt sich** immer sehr geschickt **vor** der Hausarbeit.

duften nach + Dat	Dein Parfüm **duftet nach** Rosen. In der Küche **duftet** es **nach** frischgebackenem Brot. Unser Diktator ist tot, und jetzt **duftet** es **nach** Freiheit. Unsere Rucksäcke sind gepackt und wir sind bereit – es **duftet nach** Abenteuer.
sich eignen für + Akk/ zu + Dat	Martina **eignet sich** sehr gut **für** diesen Beruf. **Eignet sich** Olivenöl gut **zum** Braten?
eingehen auf + Akk	Du solltest mehr **auf** die Wünsche und Bedürfnisse deiner Frau **eingehen**.
sich einigen über + Akk/ auf + Akk	Wir **einigten uns auf** einen neuen Termin am kommenden Montag.
einladen zu + Dat	Markus **lädt** seine Freunde **zu** seiner Geburtstagsfeier **ein**. Ich **lade** Sie (da**zu**) **ein**, an dieser Diskussion rege teilzunehmen.
einladen auf + Akk	Kann ich dich **auf** eine Tasse Kaffee **einladen**?
sich einstellen auf + Akk	Wir müssen **uns auf** einen sehr kalten Winter **einstellen**. Wir **stellen uns auf** den neuen Vorgesetzten **ein**.
einteilen in + Akk	Die Deutschlehrerin **teilt** die Schüler **in** kleine Gruppen **ein**. Der Autor **teilt** in seinem Roman die Welt **in** „Gut" und „Böse" **ein**. Das Buch **ist in** acht Kapitel **eingeteilt**.
einteilen für + Akk/ zu + Dat	Der Soldat **wurde zur** Nachtwache **eingeteilt**. Die Krankenschwester **wurde** heute **für** die Nachtschicht **eingeteilt**.
sich entscheiden für + Akk	Meine Schwester **hat sich für** eine Ausbildung zur Sekretärin **entschieden**.
sich entscheiden gegen + Akk	Die Mehrheit **hat sich gegen** den Kandidaten **entschieden**.
sich entschließen zu + Dat	Ich **entschloss mich zu** unverzüglichem Handeln.

sich entschuldigen bei + Dat	**Habt** ihr **euch** schon **bei** eurem Nachbarn für das kaputte Fenster **entschuldigt**?
sich erholen von + Dat	Du musst **dich von** diesem anstrengenden Arbeitstag **erholen**.
erinnern an + Akk	Diese Suppe **erinnert** Markus **an** seine Kindheit – seine Oma hat immer so eine Suppe gekocht. Meine Sekretärin **hat mich an** meinen Nachmittagstermin **erinnert**.
sich erinnern an + Akk	Ich **erinnere mich** gerne **an** meine letzten Sommerferien in Frankreich.
erklären für + Akk	Willst du mich etwa **für** blöd **erklären**?
erklären zu + Dat	Das Regime **erklärte** ihn **zum** Staatsfeind Nummer eins.
erkranken an + Dat	Sie **ist** plötzlich **an** einer starken Grippe **erkrankt**.
erstarren vor + Dat	Als sie das sahen, **erstarrten** sie **vor** Ehrfurcht.
sich erwärmen (können) für + Akk	Sie **kann sich** nicht **für** den neuen Freund ihres Bruders **erwärmen**.
sich erkundigen nach + Dat	Wir **erkundigten uns nach** der Gesundheit seiner Tochter.
erzittern vor + Dat	Einige Zuschauer **erzitterten vor** Ehrfurcht ob der Darbietung.
fehlen an + Dat	Es **fehlt an** Zeit und Geld. Es **fehlt an** ausreichendem Vertrauen.
folgern aus + Dat	Was **folgert** ihr **aus** diesem Vorfall?
forschen nach + Dat	Die Firma **forscht nach** den Gründen für den Misserfolg des neuen Produktes.
fragen nach + Dat	Ich **habe** Sie nicht **nach** Ihrer Meinung **gefragt**, Herr Schmitz.
sich freuen auf + Akk	Die Schüler **freuen sich** schon sehr **auf** den morgigen Ausflug.
sich freuen über + Akk	Ich **habe mich** wirklich sehr **über** dein Geschenk **gefreut**.

führen zu + Dat	Diese Politik **wird zu** einer Katastrophe **führen**.
sich fürchten vor + Dat	**Fürchtet sich** dein Bruder wirklich **vor** Ratten und Mäusen ...?
fußen auf + A	Unsere Zusammenarbeit **fußt auf** einem verbindlichen Vertrag. Meine Theorie **fußt auf** jahrelanger Forschung und Erfahrung.
gehen um + Akk	In diesem Film **geht** es **um** die Liebe eines jungen Mannes zu einer älteren Frau. Wor**um geht** es in deinem Buch?
gehören zu + Dat	Auch er **gehört zu** unserem Team.
geraten in + Akk	Durch seine Leichtfertigkeit **ist** er schon wieder **in** Gefahr **geraten**. Im Dschungel **gerät** man schnell **in** Gefahr, wenn man nicht vorsichtig ist. Wie **ist** sie nur **in** diese Lage **geraten**?
sich gewöhnen an + Akk	Man kann **sich an** alles **gewöhnen**. Ich **gewöhne mich** auch **an** ungewöhnliche Dinge sehr schnell. Der Ausländer **hat sich** schnell **an** die Kultur im neuen Land **gewöhnt**.
glauben an + Akk	Warum **glaubt** diese Frau nicht **an** Gott? Die meisten Menschen **glauben an** einen Gott, aber manche Menschen **glauben an** viele Götter.
gliedern in + Akk	Ich möchte meinen Vortrag **in** drei Hauptteile **gliedern**: ... Unsere Organisation **ist in** mehrere Abteilungen **gegliedert**.
gratulieren zu + Dat	Wir **gratulieren** dir **zu** deinem Geburtstag! Er **hat** mir **zu** meiner neuen Arbeit **gratuliert**.
halten für + Akk	Wir **halten** den neuen Kollegen **für** einen Trottel.
halten von + Dat	Was **hältst** du **von** diesem Buch? Was **halten** Sie **von** Ihrem Nachbarn?
handeln mit + Dat	Mein Vetter **handelt mit** wertvollen Pelzen. Dieses Unternehmen **handelt mit** Goldschmuck.

sich handeln um + Akk	Bei dieser Pflanze **handelt** es **sich um** eine sehr seltene Blume.
hängen an + Dat	Nicole **hängt** sehr **an** ihrem Hund.
helfen bei + Dat	Soll ich dir **bei** den Hausaufgaben **helfen**? Die Kinder **helfen** der Mutter **beim** Kochen.
helfen gegen + Akk	Dieses Mittel **hilft** angeblich **gegen** Krebs. Sprachenlernen **hilft gegen** Demenz.
hetzen gegen + Akk	Die Linksextremen **hetzen gegen** ihre Heimat und die Gesellschaft, die Neonazis **hetzen gegen** Ausländer.
hinweisen auf + Akk	Der Sprachlehrer **weist** die Schülerin **auf** einen Fehler **hin**.
hoffen auf + Akk	Meine Tante **hofft auf** eine bessere Zukunft. Ich **hoffe auf** ein baldiges Wiedersehen mit ihr.
hören auf + Akk	Das ungehorsame Kind **hört** selten **auf** seine Eltern. Warum **hörst** du nicht **auf** den Rat deines Arztes? Melanies Katze **hört auf** den Namen Caesar.
hören von + Dat	Ich **habe** lange nichts mehr **von** Max **gehört**.
informieren über + Akk	Der Chef **informiert** seinen neuen Mitarbeiter **über** die Arbeitsbedingungen.
sich informieren über + Akk	Thomas **informiert sich über** das Studienangebot der Universität.
sich integrieren in + Akk	Manche Flüchtlinge **haben sich** sehr gut **in** unsere Gesellschaft **integriert** und sprechen wunderbar Deutsch.
sich interessieren für + Akk	Mein Bruder **interessiert sich für** Literatur, während ich **mich für** Fußball **interessiere**. **Interessierst** du **dich** auch **für** Horrorfilme?
kämpfen für + Akk	Der engagierte Politiker **kämpft für** mehr Gerechtigkeit.
kämpfen gegen + Akk	Die Polizei **kämpft gegen** das Verbrechen.

klagen über + Akk	Die Beamten **klagen über** Überlastung. Die Angestellten der Firma **klagen über** schlechte Bezahlung
kochen vor + Dat	Er **kochte vor** Wut.
kommen zu + Dat	Und – **zu** welchem Schluss **bist** du **gekommen**? Wie **ist** sie nur plötzlich **zu** so viel Geld **gekommen**?
sich kümmern um + Akk	Die Mutter **kümmert sich** liebevoll **um** ihr kleines Baby. Das kleine Mädchen **kümmert sich** rührend **um** sein kleines Haustier.
lachen mit + Dat	Immer, wenn ich lache, **lacht** das Baby laut **mit** mir. Wir **lachen** nicht über dich, wir lachen **mit** dir!
lachen über + Akk	Mein älterer Bruder **lacht** immer **über** mich, wenn ich einen Fehler mache – das ist gemein!
leiden an + Dat	Die Patientin **leidet an** Krebs. Der Schauspieler **leidet an** Rheuma. **Leidest** du etwa **an** Verfolgungswahn ...?
leiden unter + Dat	Die Kinder **litten unter** den strengen Eltern. Die Bürger **leiden unter** der Schreckensherrschaft des Diktators. Er **leidet unter** schlimmen Schmerzen. Die Angestellten **leiden unter** der schlechten Bezahlung und dem Zeitdruck in ihrer Firma.
liegen an + Dat	Es **liegt am** schlechten Wetter, dass die U-Bahn Verspätung hat.
machen zu + Dat	Sie **machten** ihn **zu** ihrem König. Er versteht es gut, alles **zu** Geld zu **machen**.
mangeln an + Dat	Es **mangelt** den Sportlern **an** Disziplin. Es **mangelt an** Geld.
nachdenken über + Akk	Wor**über denkst** du in diesem Augenblick **nach**? Ich kann mich nicht sofort entscheiden – ich muss zuerst **über** diese Sache **nachdenken**.

raten zu + Dat	Ich **rate** Ihnen **zu** mehr Sport.
reagieren auf + Akk	Wie **hat** dein Ehemann **auf** deine neue Frisur **reagiert**? Das Volk **reagierte** mit Wut **auf** die Worte des Präsidenten.
rechnen mit + Dat	Wir **rechnen mit** ungefähr dreißig Gästen.
reden mit + Dat	Markus **redet** seit dem großen Streit nicht mehr **mit** seiner Schwester.
reden über + Akk/ von + Dat	Sie **redet** die ganze Zeit nur **von** ihrer Kakteensammlung. Er **redet** schlecht **über** seinen Chef.
referieren über + Akk selten: zu + Dat	Der Student hat heute in unserer Gruppe **über** die Wirtschaft seines Vaterlandes **referiert**.
reichen zu + Dat	Das **reicht** nicht **zum** Überleben. Das Geld **reicht** nicht **zum** Bau des neuen Theaters.
richten an + Akk	Seine Worte **richteten sich an** alle Zuhörer.
richten auf + Akk	Er **richtete** seine Aufmerksamkeit ganz **auf** die Worte seine Frau. Der Terrorist **richtete** seine Waffe **auf** die Geiseln.
riechen nach + Dat	Auf dem unheimlichen, verlassenen Platz **roch** es **nach** Verwesung.
sagen zu + Dat	Was **sagen** Sie denn **zu** diesem Thema? Ich möchte nichts da**zu sagen**.
sich schämen für + Akk	Sie **schämte sich für** ihre Schandtaten.
schließen aus + Dat	Was **schließen** Sie **aus** diesem Vorfall? Ich **schließe aus** deiner Erzählung, dass du mit deiner momentanen Situation nicht so zufrieden bist, oder?
schmecken nach + Dat	Die Suppe **schmeckt** sehr intensiv **nach** Fisch.
schreiben an + Dat	Er **schreibt** gerade **an** seiner Doktorarbeit. Meine Cousine **schreibt an** einer langen E-Mail.

schreiben an + Akk	Ich **schreibe** einen Brief **an** den Bürgermeister. Sie **schreibt** einen romantischen Liebesbrief **an** den attraktiven Mann.
schreiben über + Akk	Der Schriftsteller **schreibt** einen Roman **über** eine Liebesbeziehung im Mittelalter.
schuld *sein* an + Dat	Nur du **bist schuld an** diesem Unglück!
schützen vor + Dat	Die Eltern **schützen** ihre Kinder **vor** den Gefahren des Lebens.
sich schützen vor + Dat	Mit diesem dicken Mantel **schützt** er **sich gegen** die Winterkälte. Er treibt viel Sport und ernährt sich gesund, um **sich vor** Krankheiten zu **schützen**.
schwelgen in + Dat	Sie saß auf der Bank und **schwelgte** sehnsüchtig **in** alten Erinnerungen.
schwören bei + Dat	Ich **schwöre bei** Gott, dass ich unschuldig bin!
sehen nach + Dat	Schatz, **siehst** du bitte mal **nach** den Kindern?
sein aus + Dat	Er **ist aus** Ägypten. Der Schrank **ist aus** Eichenholz. Das Heft **ist aus** Altpapier.
sein für + Akk	Ich **bin für** mehr Freiheit und Eigenverantwortung.
sein gegen + Akk	**Bist** du auch **gegen** Rassismus?
sein von + Dat	Ihr Glück **war** leider nicht **von** langer Dauer. Ninas Besserung **war** nicht **von** Bestand. Seine Worte **sind** nicht **von** Bedeutung. Diese Mail **ist** nicht **von** Relevanz. Eine Änderung der Unternehmenskultur **wäre** für die Mitarbeiter nicht **von** Vorteil.
sich sonnen in + Dat	Er **sonnt sich in** seinem Glück. Sie **sonnt sich in** ihrem grandiosen Erfolg.
sich sorgen um + Akk	Der Arbeitslose **sorgt sich um** seine Zukunft.

spielen auf + Dat	Er **spielt** so schön **auf** dem Klavier! Mutter **spielt auf** der Flöte. Er **spielt** ein altes Lied aus längst vergangenen Tagen aus seiner Heimat **auf** der Gitarre.
spielen gegen + Akk	Morgen **spielt** Köln **gegen** München. **Gegen** wen **spielt** die Basketballmannschaft morgen?
spielen mit + Dat	Man sollte nicht **mit** jemandes Gefühlen **spielen**. Lisa **spielt mit** ihrer Schwester. **Spiel** nicht **mit** dieser Frau – sie liebt dich wirklich sehr!
sprechen mit + Dat	Bevor du dich entscheidest, solltest du **mit** Papa **sprechen**.
sprechen über + Akk/ von + Dat/ zu + Dat	Professor Schmitz **spricht** heute **zum** Thema „Umweltschutz". Vater **spricht** immer nur **über** seine Arbeit. Der Direktor **spricht** sehr schlecht **über** seine/**von** seiner Sekretärin.
stimmen für + Akk	Man **stimmte für** den Vorschlag des Abgeordneten.
stimmen gegen + Akk	Leider **stimmten** alle **gegen** Deine Idee. Die Versammlung **stimmte gegen** den Kandidaten.
stöhnen vor + Dat	Der Junge **stöhnte vor** Schmerz. Sie bewegte sich wild hin und her und **stöhnte vor** Wollust. Eng umschlungen **stöhnten** beide laut **vor** Verlangen. Der genervte Kassierer **stöhnte vor** Wut.
stöhnen über + Akk	Alle **stöhnen über** das Regenwetter. Mein Kollege Martin **stöhnt über** die schwere Arbeit.
streben nach + Dat	Er **strebt nach** einem höheren Ziel. Sie **strebt nach** Harmonie. Er **strebt nach** mehr Geld und Macht. Alle Menschen **streben nach** Glück.
(sich) streiten mit + Dat	Herr Müller **streitet** (sich) regelmäßig **mit** seinem Nachbarn.

(sich) streiten über + Akk	Die zwei Freunde **streiten** (sich) wieder **über** Politik.
(sich) streiten um + Akk	Die zwei hungrigen Hunde **streiten** (sich) **um** den Knochen. Die Kinder **streiten** sich **um** den größten Apfel.
suchen nach + Dat	Die Polizei **sucht nach** dem Mörder.
sich suhlen in + Dat	Die Tiere **suhlten** sich **im** Dreck. Anstatt etwas an ihrer Lage zu ändern, **suhlt** sie sich **in** ihrem Selbstmitleid.
sich täuschen in + Akk	Und schon wieder hatte sie **sich in** einem Mann **getäuscht**.
teilen in + Akk	Die Mutter **teilte** den Kuchen gerecht **in** sechs gleiche Stücke.
teilen durch + Akk	Neun **geteilt durch** drei gleich drei. Zehn **geteilt durch** fünf ist zwei. Man muss die Gesamtkosten **durch** die Anzahl der Partizipanten **teilen**, um den Preis pro Eintrittskarte zu ermitteln.
teilnehmen an + Dat	Viele Menschen **haben an** dieser Konferenz **teilgenommen**. Anna **nimmt an** einem Deutsch-A2-Sprachkurs **teil**.
trauern um + Akk	Das deutsche Volk **trauert um** den kürzlich verstorbenen berühmten Sportler.
träumen von + Dat	Alle Menschen **träumen von** Glück und Frieden. Sie **träumt von** einem neuen Einfamilienhaus.
triefen vor + D	Sie **trieft vor** Nässe. Die scharfen Worte des Redners **triefen** nur so **vor** Spott. Die Fritten **triefen vor** Fett.
überreden zu + Dat	Wer hat dich denn **zu** dieser dummen Sache **überredet**?
überzeugen von + Dat	Er **hat** uns alle **von** seinen guten Absichten **überzeugt**.
sich unterhalten mit + Dat	Sie **unterhalten sich über** ihre Zukunftspläne.

sich unterhalten über + Akk	Er **unterhält sich** mit seinen Freunden **über** Wirtschaftspolitik. Wir **unterhalten uns über** das Wetter.
urteilen nach + Dat	Sie ist so oberflächlich – sie **urteilt** leider immer nur **nach** dem Aussehen.
urteilen über + Akk	Man sollte nicht **über** Menschen **urteilen**, die man nicht wirklich kennt.
vereinbaren mit + Dat	Das kann ich nicht selbst entscheiden, das müssten Sie bitte **mit** dem Chef **vereinbaren**. Diese Tat kann ich nicht **mit** mir/**mit** meinem Gewissen **vereinbaren**.
verfügen über + Akk	Der Millionär **verfügt über** drei Häuser und viele teure Autos.
vergleichen mit + Dat	Er **vergleicht** immer seine Frau **mit** seiner Ex-Frau.
verhandeln mit + Dat	Die Regierung **verhandelt** schon seit einem Monat **mit** den Terroristen.
verhandeln über + Akk	Die zwei Länder **verhandeln über** einen Kompromiss.
verheiraten mit + Dat	Die Familie **verheiratet** ihre älteste Tochter **mit** einem reichen Mann, den die Tochter noch gar nicht kennt.
verlangen nach + Dat	Der unzufriedene Kunde **verlangt nach** dem Chef. Diese Aufgabe **verlangt nach** viel Konzentration.
sich verlassen auf + Akk	Ich hoffe, ich kann **mich auf** meinen Freund **verlassen**.
sich verlieben in + Akk	Mein Bruder **hat sich** schon wieder mal **in** eine attraktive, junge Frau **verliebt**.
verraten an + Akk	Er **hat** Staatsgeheimnisse **an** die Feinde **verraten**.
verstecken vor + Dat	Die Diebe **verstecken** ihre Beute **vor** der Polizei.
sich verstehen mit + Dat	**Verstehst** du **dich** gut **mit** der neuen Mitschülerin?
verstoßen gegen + Akk	Man darf nicht **gegen** die Gesetze des Landes **verstoßen**.

sich verstecken vor + Dat	Der Verbrecher **versteckt sich vor** der Polizei.
verurteilen zu + Dat	Der Verbrecher wurde **zu** zwei Jahren Haft **verurteilt**. Man **verurteilte** sie **zu** einer hohen Geldstrafe.
verzichten auf + Akk	Seiner Freundin zuliebe **verzichtet** er **auf** das Fußballspiel. Ich möchte nicht **auf** meine Privilegien **verzichten**.
sich vorbereiten auf + Akk	**Bereitet euch** gut **auf** die morgige Prüfung **vor**!
sich wehren gegen + Akk	Der Angeklagte **wehrt sich gegen** die Vorwürfe.
sich wenden an + Akk	**Wenden** Sie **sich** in dieser Angelegenheit bitte **an** unser Sekretariat.
warnen vor + Dat	Die Eltern haben ihren Sohn **vor** diesem Mädchen **gewarnt**.
warten auf + Akk	Ich **warte** schon sehnsüchtig **auf** den Frühling. Die Muslime **warten** freudig **auf** den Ramadan.
weinen vor + Dat	Sie **weinte vor** Glück, als man sie über ihren Lottogewinn informierte. Das Kind **weinte vor** Schmerz.
sich wenden an + Akk	Der Student **wandte sich** mit seiner Frage **an** das Studentensekretariat.
wettern gegen + Akk	Der alte Senator **wetterte gegen** den Sittenverfall. Sie **wetterte gegen** die Regierung.
wissen über + Akk	**Wisst** ihr etwas **über** den neuen Nachbarn?
wissen um + Akk	Sie **wussten um** sein düsteres Geheimnis.
wissen von + Dat	Da**von** weiß ich nichts. **Weißt** du vielleicht etwas **von** dieser Sache?
sich wundern über + Akk	Wir **wunderten uns über** den plötzlichen Abschied unseres Cousins.
zittern vor + Dat	Er **zittert vor** Kälte.

zunehmen an + Dat	Der Wind **nimmt an** Intensität **zu**. Julias Baby **hat an** Gewicht **zugenommen**. Der Diktator **nimmt** immer mehr **an** Macht **zu**.
zurückkommen auf + Akk	Ich möchte nochmal **auf** diesen wichtigen Punkt **zurückkommen**. Könnten wir vielleicht später **auf** dieses Thema **zurückkommen**?
zweifeln an + Dat	Wir **zweifeln an** seinen guten Absichten. Ich **zweifle am** Wahrheitsgehalt Ihrer Aussage.
zwingen zu + Dat	Die Eltern **haben** Nina **zu** diesem langweiligen Studium **gezwungen**.

XXV. Adjektive mit festen Präpositionen

abhängig von + Dat	Der Student ist immer noch **abhängig vom** Geld seiner Eltern.
angenehm für + Akk	Das Wetter ist **für** meine Freundin sehr **angenehm**.
angesehen bei + Dat	Er ist sehr **angesehen bei** seinen Kollegen.
angewiesen auf + Akk	Der Behinderte ist manchmal **auf** die Hilfe seiner Mitmenschen **angewiesen**.
ärgerlich über + Akk/ auf + Akk	Der Vorgesetzte ist sehr **ärgerlich über** die Verspätung des Mitarbeiters. Ich glaube, die neue Nachbarin ist **ärgerlich auf** mich.
aufgeschlossen gegenüber + Dat/ für + Akk	Er ist neuen Ideen **gegenüber** recht **aufgeschlossen**. Wir sind **aufgeschlossen für** die Sorgen und Bedürfnisse unserer Mitmenschen.
befangen in + Dat	Der Journalist ist sehr **in** seinen eigenen Ansichten **befangen**. Sie ist **in** der Vorstellung **befangen**, dass die Außerirdischen unsere Welt regieren.
befangen gegenüber + Dat	Der Richter ist **befangen gegenüber** den Angeklagten.
befreundet mit + Dat	Markus ist schon seit langer Zeit **mit** Julia **befreundet**.
begeistert von + Dat	Die Teenager sind **von** dem jungen Sänger sehr **begeistert**.
bekannt für + Akk	Der Sportler ist **bekannt für** seine seltsamen Interviews.
beliebt bei + Dat	**Bei** Jungen und Männern ist die attraktive Schauspielerin sehr **beliebt**.
bereit zu + Dat	Er ist **zu** solch einem Opfer nicht **bereit**.
beschäftigt mit + Dat	Ihr seid immer **beschäftigt mit** euren Kindern.

beseelt von + Dat	Die junge Familie ist **beseelt von** Glück. Er ist **vom** Wunsch **beseelt**, eine eigene Firma zu gründen.
beteiligt an + Dat	Er soll **an** zahlreichen Verbrechen **beteiligt** gewesen sein.
beunruhigt über + Akk	Der Politiker ist **über** die Angriffe der Fremden auf sein Volk sehr **beunruhigt**.
blass vor + Dat	Wenn ich das teure Auto meines Nachbarn sehe, bin ich echt **blass vor** Neid!
böse auf + Akk	Die Mutter ist **böse auf** ihre Tochter, weil diese die alte Vase kaputtgemacht hat.
dankbar für + Akk	Ich bin **dankbar für** all die guten Dinge in meinem Leben.
eifersüchtig auf + Akk	Sie war **eifersüchtig auf** die neue, junge Kollegin ihres Mannes.
einverstanden mit + Dat	Meine Kollegen waren nicht **mit** dem Vorschlag der Chefin **einverstanden**.
empfänglich für + Akk	Sie war **für** die schmeichelnden Worte des jungen Mannes nicht **empfänglich**. Bei Stress ist der Körper **empfänglicher für** Erkältungen.
entfernt von + Dat	Der Strand liegt noch etwa eine Stunde **von** uns **entfernt**. Das kleine Dorf liegt weit **entfernt von** der großen Stadt.
entscheidend für + Akk	Was ist **entscheidend für** den Erfolg eines Geschäftsmannes? Diese Frage ist **entscheidend für** unsere Zukunft.
entschlossen zu + Dat	Das Land war **zum** Krieg **entschlossen**. Sie war **zum** sofortigen Handeln fest **entschlossen**.
entsetzt über + Akk	Die Touristen waren **entsetzt über** den Schmutz und Gestank in den Straßen der Stadt.
enttäuscht von + Dat	Die Wähler sind **enttäuscht von** der Politik der Regierungspartei.
erbost über + Akk	**Über** diese Aussage war er sehr **erbost**.

erfreut über + Akk	Sie war sehr **erfreut über** die Einladung.
erhaben über + Akk	Die arrogante Kollegin fühlt sich **über** alles **erhaben**. Seine künstlerischen Werke sind **über** jeden Verdacht **erhaben**.
erstaunt über + Akk	**Über** den plötzlichen Erfolg war sie sehr **erstaunt**.
erzürnt über + Akk	Die Zuschauer waren **über** die Ignoranz des Fernsehmoderators **erzürnt**. Die Anwohner zeigten sich **über** das Parkverbot **erzürnt**. Die Ärzte sind **über** das neue Gesetz des Gesundheitsministers sehr **erzürnt**.
fähig zu + Dat	Wer ist **zu** solch einer schrecklichen Tat **fähig** ...?
fertig mit + Dat	Bist du schon **mit** den Hausaufgaben **fertig**?
freundlich zu + Dat	Sie ist immer sehr **freundlich zu** ihren Kollegen.
froh über + Akk	Ich bin wirklich **froh über** dein Einlenken.
geeignet für + Akk	Dieses Spielzeug ist nicht **für** Kleinkinder **geeignet**.
gelangweilt von + Dat	Die Schüler zeigten sich **von** Geralds Vortrag sehr **gelangweilt**.
gespannt auf + Akk	Wir sind schon sehr **gespannt auf** den neuen Horrorfilm.
gewöhnt an + Akk	Ich bin **an** das wechselhafte Wetter meiner Heimatstadt **gewöhnt**.
glücklich über + Akk	Ich glaube, du bist nicht wirklich **glücklich über** die Entscheidung deines Bruders.
gut in + Dat	Sie ist kein Mathematikgenie, aber sie ist sehr **gut in** Physik.
gut zu + Dat	Mein Bruder ist immer **gut zu** seinen Mitmenschen. Die Lehrerin war immer **gut zu** uns.
immun gegen + Akk	**Gegen** solche dummen Sprüche bin ich **immun**.

interessiert an + Dat	Wären Sie **an** einer Kooperation mit uns **interessiert**?
müde von + Dat	Ich bin wirklich **müde von** seinem langweiligen Gerede.
neidisch auf + Akk	Der neue Nachbar ist **neidisch auf** mein neues Auto – und meine schöne Frau …
nett zu + Dat	Sei **nett zu** deinen Nachbarn! Man sollte **zu** seinen Mitmenschen immer **nett** sein. Der Lehrer ist immer **nett zu** uns.
neugierig auf + Akk	Ich bin schon ganz **neugierig auf** deine Urlaubsfotos! Die Mutter ist **neugierig auf** die neue Freundin ihres Sohnes.
offen für + Akk	Wir sind immer **offen für** neue Ideen und Vorschläge.
reich an + Dat	Das Land ist **reich an** Bodenschätzen. Saudi-Arabien ist **reich an** Öl.
resistent gegen + Akk	Die gefährlichen Bakterien sind leider **gegen** den Impfstoff **resistent**.
rot vor + Dat	Sie ist rot **vor Scham**.
schädlich für + Akk	Alkohol ist **schädlich für** die Leber und das Gehirn. Iss das nicht, das ist **schädlich für** deine Gesundheit!
schuld an + Dat	Ist sie wirklich **schuld an** diesem schrecklichen Verbrechen? Du bist selber **schuld an** deiner Situation.
stolz auf + Akk	Die Eltern sind sehr **stolz auf** ihre braven und fleißigen Kinder. Das ganze Land ist **stolz auf** seinen besten Fußballspieler.
überzeugt von + Dat	Ich bin **von** deiner Unschuld nicht ganz **überzeugt**. Bist du **überzeugt von** seinen guten Absichten?
unabhängig von + Dat	Die Veranstaltung findet **unabhängig vom** Wetter auf jeden Fall statt. Er ist **unabhängig von** seinen Eltern.

unangenehm für + Akk	Das Bohren beim Zahnarzt ist **für** die meisten Menschen **unangenehm**.
unbeliebt bei + Dat	Der korrupte Bürgermeister ist **bei** allen Stadtbewohnern **unbeliebt**.
unerfahren in + Dat	**In** solchen Dingen ist er noch sehr **unerfahren**.
unfreundlich zu + Dat	Warum seid ihr **zu** eurer neuen Mitschülerin so **unfreundlich**?
ungeeignet für + Akk	Dieses Lehrbuch ist meiner Meinung nach **ungeeignet für** dich.
unglücklich über + Akk	Seid ihr sehr **unglücklich über** diese Situation?
unschuldig an + Dat	Er ist nicht ganz **unschuldig an** dieser Misere.
unzufrieden mit + Dat	Der Selbstmörder war schon sehr lange **unzufrieden mit** seinem Leben gewesen.
verantwortlich für + Akk	Die Medien wollen wissen, wer **für** den Unfall **verantwortlich** ist. Jeder ist **für** sein eigenes Schicksal **verantwortlich**.
verärgert über + Akk	Die wartenden Passagiere sind sehr **verärgert über** die erneute Bahnverspätung.
verheiratet mit + Dat	Sie ist **mit** einem bekannten und reichen Mann **verheiratet**. Jens ist seit fünf Jahren **mit** Anna **verheiratet**.
verliebt in + Akk	Bist du **in** mich **verliebt**? Er ist sehr **in** seine neue, schöne Nachbarin **verliebt**.
verrückt nach + Dat	Ich bin **verrückt nach** Apfelsaft! Mein Onkel ist **verrückt nach** Fußball.
voreingenommen gegenüber +Dat	Der Chef war von Anfang an **voreingenommen gegenüber** dem neuen Mitarbeiter.
wichtig für + Akk	Das ist nicht **wichtig für** uns. Sport ist **wichtig für** mich. Welche Dinge sind wirklich **wichtig für** dich in deinem Leben?

wütend auf + Akk	Die Mitarbeiter sind **wütend auf** ihren ungerechten Chef. Das Volk ist **wütend auf** seine schlechte Regierung.
zufrieden mit + Dat	Keiner ist **mit** dieser Situation **zufrieden**. Ich bin **mit** meinen Ergebnissen sehr **zufrieden**.
zurückhaltend mit + Dat	Der Abteilungsleiter ist eher ruhig und auch **zurückhaltend mit** Kritik.

XXVI. Nomina mit festen Präpositionen

die Abneigung gegen + Akk	Der Verkäufer kann seine **Abneigung gegen** Homosexuelle kaum verhehlen.
der Abschied von + Dat	Der **Abschied von** den herzlichen Gastgebern fiel uns wirklich schwer.
der Abstand zu + Dat	Der **Abstand zum** nächsten Haus beträgt ungefähr zwanzig Meter.
die Abweichung von + Dat	Manchmal wird die **Abweichung von** der Norm von der Gesellschaft geächtet oder gar bestraft.
das Angebot an + Dat	Das **Angebot an** Freizeitmöglichkeiten ist in Köln groß. Das Restaurant besticht mit einem reichhaltigen **Angebot an** verschiedenen asiatischen Gerichten.
der Angriff auf + Akk	Diese Entscheidung ist ein **Angriff** auf unsere Freiheit.
die Angst um + Akk	Die Familie hat **Angst um** die Gesundheit ihrer Kinder. Viele Menschen haben **Angst um** ihre Zukunft.
die Angst vor + Dat	Hast du **Angst vor** Spinnen? Die tapfere Kriegerin hat keine **Angst vor** dem Tod. Der Held hat keine **Angst vor** den Feinden.
der Anlass für + Akk	Was war denn der **Anlass für** deine zornige Reaktion?
der Anschlag auf + Akk	Der **Anschlag auf** den König erschütterte das ganze Land.
der Anschluss an + Akk	Leider gibt es in dem kleinen Dorf keinen **Anschluss an** das Stromnetz. Die neue Studentin hat noch keinen **Anschluss an** die anderen Studenten oder an Studentengruppen gefunden.
die Ansprache an + Akk	Die **Ansprache** des neuen Bundeskanzlers **an** das Volk fiel sehr kurz aus.

der Anspruch an + Akk	Die Dozentin stellt hohe **Ansprüche an** ihre Studenten.
der Anspruch auf + Akk	Arbeitslose haben in Deutschland **Anspruch auf** staatliche Unterstützung.
der Anteil an + Dat	Deine Cousine hatte einen maßgeblichen **Anteil am** Gelingen des Projektes.
der Antrag auf + Akk	Der Student stellte einen **Antrag auf** finanzielle Förderung.
die Antwort auf + Akk	Höhnisches Gelächter war die **Antwort auf** diese dumme Aussage. **Auf** diesen Angriff kann es nur eine **Antwort** geben! Wir haben immer noch keine **Antwort auf** unsere E-Mail bekommen.
die Antwort an + Akk	Ich schrieb gestern eine **Antwort an** dich.
der Appetit auf + Akk	Ich habe immer **Appetit** auf Pizza.
die Arbeit an + Dat	Die **Arbeit an** ihrem neuen Buch ging nur schleppend voran. Gefällt dir die **Arbeit an** dem neuen Projekt?
der Ärger mit + Dat	Frau Meier hat immer **Ärger mit** ihrem Vorgesetzten.
der Ärger über + Akk	Dein **Ärger über** die schlechte Politik wird immer größer.
der Aufsatz über + Akk	Die Schülerin schrieb einen interessanten **Aufsatz über** die Kultur ihres Heimatlandes.
der Aufstieg auf + Akk	Der **Aufstieg auf** den Berggipfel war höchst mühevoll, aber letztlich sehr lohnenswert.
der Aufstieg in + Akk	Innerhalb weniger Jahre gelang ihr der **Aufstieg in** die Chefetage.
der Auftrag zu + Dat	Die Firma XYZ erhielt den **Auftrag zum** Bau der neuen Oper.
der Ausbau zu + Dat	Der **Ausbau** des kleinen Cafés **zu** einem größeren Restaurant dauerte etwa ein Jahr.
der Ausbruch aus + Dat	Im Fernsehen wurde viel über seinen **Ausbruch aus** dem Gefängnis berichtet.

die Aussicht auf + Akk	Die **Aussicht auf** Erfolg beflügelte ihn. Die **Aussicht auf** ein baldiges Ende des Krieges ließ wieder Hoffnung in den Herzen der Menschen keimen. Die **Aussicht auf** bessere Arbeitsmöglichkeiten bewegte sie dazu, ins Ausland zu ziehen.
der Bedarf an + Dat	Mein **Bedarf an** Abenteuern ist für den Moment wirklich gedeckt.
der Befehl zu + Dat	Der General gab den **Befehl zum** Angriff. Wer hat den **Befehl zum** Schießen erteilt?
die Beförderung zu + Dat	Er freute sich sehr über seine **Beförderung zum** Abteilungsleiter.
das Beispiel für + Akk	Dieser Ausländer ist ein gutes **Beispiel für** gelungene Integration. Du solltest versuchen, ein gutes **Beispiel für** junge Menschen zu sein.
der Beitrag zu + Dat	Was ist denn Ihr **Beitrag zu** diesem Projekt, Herr Klein? Jeder sollte einen **Beitrag zum** Umweltschutz leisten.
das Bekenntnis zu + Dat	Sein **Bekenntnis zum** Sozialismus überraschte uns.
die Beschwerde gegen + Akk	**Gegen** den Bürgermeister liegt eine **Beschwerde** vor.
die Beschwerde über + Akk	Es gab eine **Beschwerde** der Lehrerin **über** die Faulheit der Schüler. Die **Beschwerden über** zu hohe Steuern haben in letzter Zeit zugenommen.
der Besuch bei + Dat	Der **Besuch bei** den Großeltern hat der ganzen Familie viel Spaß gemacht. Nach ihrem **Besuch beim** Friseur sah Claudia viel jünger aus.
die Beteiligung an + Dat	Es konnte ihm keine **Beteiligung an** dem Verbrechen nachgewiesen werden.
der Beweis für + Akk	Leider konnte der Anwalt keine ausreichenden **Beweise für** die Unschuld seiner Mandantin finden.

die Beziehung zu + Dat	Mein Vater hat gute **Beziehungen zum** Management der Firma. Die Rabenmutter hat überhaupt keine **Beziehung zu** ihren Kindern.
die Beziehung mit + Dat	Der Verkäufer hat eine **Beziehung mit** einer älteren Frau.
der Bezug zu + Dat	Ich denke, dein Freund hat den **Bezug zur** Realität verloren. Irgendwie finde ich keinen rechten **Bezug zu** den Büchern dieses Autors. Er findet keinen **Bezug zur** seltsamen Gedankenwelt seiner Nachbarin.
die Bitte um + Akk	Ihrer **Bitte um** Hilfe wurde nachgekommen. Sie wandte sich mit ihrer **Bitte um** Hilfe an mich.
der Eid auf + Akk	Er leistete einen **Eid auf** die Verfassung.
der Einblick in + Akk	Im Rahmen des Interviews gewährte der Schauspieler einen tiefen **Einblick in** sein Privatleben.
der Eindruck auf + Akk	Er macht wirklich einen guten **Eindruck auf** uns.
der Einfluss auf + Akk	Sein **Einfluss auf** die jüngeren Kollegen ist enorm.
der Eingriff in + Akk	Das ist ein verbotener **Eingriff in** die Privatsphäre der Bürger.
die Einschreibung an + Dat	Die **Einschreibung an** unserer Universität können Sie postalisch oder online vornehmen.
die Entschuldigung für + Akk	Das kann keine **Entschuldigung für** Ihre Gewaltausbrüche sein, Angeklagter! Der Ehemann wartete auf eine **Entschuldigung für** das Fehlverhalten seiner Frau.
die Fähigkeit zu + Dat	Nicht jeder besitzt die **Fähigkeit zum** schnellen Erlernen der deutschen Grammatik.
die Flucht vor + Dat	Julias Interesse an Fantasy-Literatur ist eine **Flucht vor** dem grauen Alltag.

die Freude an + Dat	Meine Tante hat viel **Freude an** ihrer neuen Arbeit. Die jungen Eltern haben viel **Freude an** ihren Zwillingen.
die Furcht vor + Dat	Die **Furcht vor** der Zukunft lässt manche Pessimisten nicht ruhig schlafen. Aus **Furcht vor** Verfolgung verlassen viele Menschen ihre Heimat. Die **Furcht vor** dem Tod plagt viele Menschen.
der Gedanke an + Akk	Der **Gedanke an** den baldigen Feierabend gibt mir neuen Auftrieb. Jeglicher **Gedanke an** ihren untreuen Freund ließ sie traurig werden.
der Glaube an + Akk	Der **Glaube an** die Unabhängigkeit der Justiz fällt vielen Menschen schwer. Ihr **Glaube an** die Vernunft der Menschen wird oft auf die Probe gestellt.
die Grenze zwischen + Dat	Gibt es eine klare **Grenze zwischen** Wahrheit und Lüge? Wo liegt die **Grenze zwischen** Wirklichkeit und Fiktion? **Zwischen** den zwei Ländern gibt es eine gut gesicherte **Grenze**.
der Grund für + Akk	Der **Grund für** ihren schnellen Abschied ist uns nicht bekannt. Ich kenne den **Grund für** Thomas' Angst nicht. Was war denn der **Grund für** euren plötzlichen Abschied?
der Grund zu + Dat	Heute haben wir einen **Grund zum** Feiern! Du hast wirklich keinen **Grund zum** Klagen.
die Grundlage für + Akk	Eine gesunde Ernährung ist die **Grundlage für** den sportlichen Erfolg. Bildung und Disziplin sind die **Grundlagen für** den beruflichen Erfolg
der Gruß an + Akk	Viele **Grüße an** Deine Eltern! *(im Brief)* Richte bitte herzliche **Grüße** von mir **an** deinen Mann aus.
der Handel mit + Dat	Der **Handel mit** Drogen und Waffen ist streng verboten.

der Hass auf + Akk	Den **Hass auf** andere Rassen nennt man Rassismus. Den pauschalen **Hass auf** alle Fremden bezeichnet man als Fremdenfeindlichkeit.
die Hilfe bei + Dat	Der Junge benötigt **Hilfe bei** den Hausaufgaben.
der Hinweis auf + Akk	Bisher hat die Polizei noch keinen **Hinweis auf** den Täter.
die Hoffnung auf + Akk	Die **Hoffnung auf** eine bessere Zukunft gab ihnen Kraft.
das Interesse an + Dat	Es besteht seitens der Kunden ein enormes **Interesse an** unserem neuen Produkt.
der Kampf gegen + Akk	Sie verschrieb ihr Leben dem **Kampf gegen** Hunger und Obdachlosigkeit.
der Kampf um + Akk	Der **Kampf um** die Freiheit hat begonnen.
die Konsequenz aus + Dat	Was sind die **Konsequenzen aus** diesem Skandal?
die Konsequenz für + Akk	Das hat weitreichende **Konsequenzen für** Sie. Er muss die **Konsequenzen für** seine Faulheit tragen.
der Kontakt mit + Dat zu + Dat	Die Polizei will **mit** den Geiselnehmern in **Kontakt** kommen. Er kam während seiner Reise **mit** revolutionären Kreisen in **Kontakt**. Der Professor hält **Kontakt zu** seinen ehemaligen Studenten.
der Kontakt zwischen + Dat	Der **Kontakt zwischen** den beiden gestaltete sich schwierig. Es gab lediglich einen sporadischen **Kontakt zwischen** ihnen.
die Kritik an + Dat	Seine **Kritik an** dem neuen Buch fiel vernichtend aus. Es gab viel **Kritik an** dem Einsatz der Polizei.
die Liebe zu + Dat	Sie entdeckte ihre **Liebe zur** Literatur schon in der frühen Kindheit. Die **Liebe zu** seinem Vaterland beseelt ihn.
die Lust auf + Akk	Ich habe heute keine **Lust auf** Eis. Er verspürt keine **Lust auf** einen Streit mit ihr.

das Mittel gegen + Akk	Angeblich ist ein neues **Mittel gegen** Krebs entdeckt worden.
das Monopol auf + Akk	In Deutschland hat der Staat das **Monopol auf** Glücksspiele.
die Nachfrage nach + Dat	Die **Nachfrage nach** vielseitigen Smartphones mit langer Akkulaufzeit steigt stetig.
die Nachricht über + Akk	Die **Nachricht über** den plötzlichen Tod des Tennisspielers schockierte die Sportfans.
die Pflicht zu + Dat	Der Muslim hat die **Pflicht zum** fünfmaligen täglichen Gebet. Es besteht die **Pflicht zur** Geheimhaltung.
der Preis für + Akk	Das ist der hohe **Preis für** die Sicherheit.
die Rache an + Dat	Die **Rache an** seinen Peinigern fiel blutig aus. Sie will **Rache an** ihren Feinden üben.
das Recht auf + Akk/ zu + Dat	Die Bürger haben theoretisch das **Recht auf** freie Meinungsäußerung. Jeder hat das **Recht auf** Selbstverteidigung und Notwehr.
der Ruf nach + Dat	Aus immer mehr Ländern schallt der **Ruf nach** Freiheit und wahrer Demokratie.
das Streben nach + Dat	Das **Streben nach** Glück bringt manche Menschen auf sonderbare Gedanken.
die Suche nach + Dat	Die **Suche nach** dem Goldschatz blieb erfolglos. Viele Leute beschäftigt die **Suche nach** der einen großen Liebe ein ganzes Leben lang.
das Talent zu + Dat	Leider hat sie kein **Talent zum** Klavierspielen.
die Trauer um + Akk/ über + Akk	Der Student empfand tiefe **Trauer um** den Tod des alten, beliebten Professors. Die **Trauer um** den Verlust der Heimat lähmte uns.
die Treue zu + Dat	Seine jahrelange **Treue zu** seiner Firma zahlte sich letztlich aus.
die Unterhaltung mit + Dat	Die **Unterhaltung mit** dem Manager verlief ergebnislos.
das Verhalten gegenüber + Dat	Das **Verhalten** der Lehrerin **gegenüber** ihren Schülern ist nicht zu tolerieren.

das Verhältnis zwischen + Dat	Es herrscht ein **Verhältnis** des Vertrauens **zwischen** den Studenten.
das Verhältnis zu + Dat	Das **Verhältnis zu** unserer neuen Sekretärin ist von Misstrauen geprägt. Das **Verhältnis** Hans' **zu** seinem Bruder war gestört.
das Verhältnis mit + Dat	Der Koch hat ein heimliches **Verhältnis mit** der schönen Kellnerin.
die Wahl zu + Dat	Seine **Wahl zum** neuen Bürgermeister erhitzte die Gemüter.
der Zugriff auf + Akk	Wegen des defekten Computers haben wir keinen **Zugriff** mehr **auf** viele wichtige Daten.